누구나
즐길 수 있는
음악을 통한 워라밸

누구나 즐길 수 있는 음악을 통한 워라밸

글 김은송

지식공감

서문

Not too little, Not too much, just Right.

넘침도 부족함도 없이, 적당한 균형 속에서 행복한 삶을 사는 것.

열심히 음악만 하며 살았다. 재즈피아노를 전공으로 작곡까지 공부했으며 뮤지컬과 클래식을 같이 공부했다. 그리고 한국예술종합학교의 한국음악작곡과에 들어가 국악까지 공부하며 석사와 같은 예술전문사 과정을 마쳤다. 연극, 영화, 뮤지컬 같은 극 장르의 작곡 및 편곡, 음악감독을 하기 시작하면서 20대를 음악에만 묻혀 살았다. 그리고 국악 작곡, 국악 오케스트라 작곡, 클래식 악기인 트롬본과의 앨범 작업을 하면서 클래식의 꽃인 윈드오케스트라까지, 다양한 장르에 발을 들여놓기 시작했다. 한 가지 악기의 작은 편성, 노래 장르, 극 장르는 물론 오케스트라 같은 큰 편성의 장르까지도 넘나들며 모든 음악 장르를 수용하고 나의 스펙트럼을 다양하게 넓혀갔다. 그리고 그에 따라 레슨과 강의 지식도 다양해졌다. 입시를 지망하는 입시전공생부터 음악을 사랑하는 취미생 할아버지까지 모든 연령대의 사람들에게 내가 지금까지 품어왔던 다양한 장르로 레슨과 강의를 하였다.

세상의 흐름은 나와 상관없었고 음악만이 내 전부라고 생각했던 시절, 물리학도였던 지금의 신랑을 만났다. 신랑도 30대 초반까지 공부만 했던 사람이었고 학위를 마치기만을 바라며 무던히도 애를 썼던 사람이었다. 그렇게 고생고생하며 우리 부부는 박사와 석사로 졸업을 하였고, 청년 실업률이 최고치를 기록하는 요즘 시대에 남편은 소위 말하는 대기업에 들어갔다. 그렇게 우리는 돈 걱정 없이 인생이 필 줄 알았다. 돈 걱정을 하는 학생 신분이 지긋지긋했기에 '월급'이라는 단어가 행복을 주는 줄 알았다.

하지만 그것은 오히려 고뇌의 시작이었다. 돈이라는 것은 채워질수록 갈증이 심해진다. 삶에 있어서 돈은 당연히 필요하지만, 돈만을 바라보는 물질만능주의의 사고방식은 오히려 우리를 더욱 우울하게 만들었다. 남의 집 재산과 비교를 하며 누구 집은 집을 몇 채 갖고 있고, 부동산으로 얼마가 올랐으며, 대기업 맞벌이 부부의 연봉을 들으며 지나간 세월을 후회할 때도 있었다. 열심히 살았다고 자부했던 내가 끝없는 비교의식에 무너졌다.

그리고 돈뿐만이 아니라 달라진 삶의 흐름에 점점 외로워졌다. 직장인인 남편은 한 달에 몇 번씩은 회식이 있었고 나머지는 야근으로 채워졌다. 주말에도 한 달에 두 번은 나가야 했다. 회사가 24시간 365일 돌아가기 때문에 주말에도 로테이션으로 근무해야 한다고 했다. 항상 신문에서만 봤던 근무시간 초과로 직장인들의 삶이 불행하다는 연구결과는 우리 부부의 삶으로 들어왔다. 집안에 고가의 신디사이저가 있을 정도로 연주를 좋아하고, 함께 작곡하며 데이트를 하는 것만으로 즐거웠던 시절은 온데간데없이 사라졌다. 항상 집에 들어오면 TV를 보거나 자기에 바빴고, 나머지 주말도 자는 시간에 투자했다. 체력도 약해졌지만 무엇보다 정신력도 많이 약해졌다.

이대로는 안 되겠다 싶었다. 치열하게 꿈만을 바라본 20대에는 배고팠지만 감동이 있었고 꿈을 꿨었다. 하지만 현재는 물질적으로 풍요로울지는 몰라도 정신적으로는 피폐해져 갔다. 이제는 음악으로 감동받았던 내 삶을 다시금 불러들이고 싶었다. 음악으로 가장 직접적이고 강력하게 인생의 감동을 받으면서 살고 싶었다.

그래서 가장 먼저 한 행동은 집안의 TV를 끄는 것이었다. 그리고 밥을 먹을 때도 라디오나 음악을 듣기 시작했다. TV 쪽으로만 시선이 몰려있었던 우리 부부는 다시 마주보기 시작했다. 음악을 들으며 서로의 생각을 이야기하거나 오늘 하루 있었던 시시콜콜한 이야기까지도 꺼내게 되었다. 그리고 잔잔한 음악을 들으며 함께하는 식탁 위의 시간은 서로의 감정을 통하는 중요한 시간이 되었다. 이런 소소한 행복을 통하여 감동이라는 것을 삶 안에 내가 끌어들여야 한다는 것을 깨달았다.

우리는 인생을 살아가면서 감동을 받고 그것을 남기기를 원한다. 인생에 몇 번 들춰보지 않는다는 것을 알면서도 스드메 스튜디오, 메이크업, 드레스에 온갖 정성을 기울여 웨딩 촬영을 하는 것처럼 말이다. 감동이라는 것이 생활에 없는 듯이 살아가다가도, 막상 감동을 받게 되면 우리는 사진으로 남기고 쓰지도 않던 일기장을 만들어 그 느낌을 오래도록 간직하고 싶어한다. 하지만 막연하게 기다리는 사람에게 감동의 순간이 오기까지 많은 시간이 걸리며 그 순간을 알지도 못하고 지나칠 수도 있는 안

타까운 상황이 발생할 수도 있다. 감동은 쟁취하는 것이다. 그리고 궁극적 목적은 내가 '행복'해지기 위해서이다. '감동받다'는 '나는 행복하다'와 같은 동등한 느낌으로 사용할 수 있다.

감동을 능동적으로 쟁취하는 사람들은 행복하다. 그리고 이러한 사람들은 우아해지고 매력적인 사람으로 받아들여진다. 감동을 능동적으로 쟁취한 사람들이 많은 세상은 당연히 자신감이 넘쳐나는 멋진 세상이 된다. 어쩌면 세상은 스스로 더 아름다운 세상이 되기 위해서, 우리에게 감동을 주는 것일지도 모른다. 그러므로 유한한 삶을 살고 있는 우리는 행복하게 살기 위해 능동적으로 감동을 쟁취하며 살아가야 한다. 그리고 그 감동을 쟁취하기 위해 음악의 세계에 적극적으로 빠져들어야 한다. 음악은 감동을 능동적으로 쟁취하는 방법 중에 가장 직접적인 힘을 가지고 있기 때문이다.

그러므로 음악은 가장 직접적으로 감동을 줄 수 있는 예술이다. 슬픈 음악을 들었을 때는 슬퍼지고 처연해지는 기분을 느낄 수 있으며, 밝은 음악을 들었을 때는 내리깔렸던 분위기가 밝아지며 희망의 빛줄기가 느껴지는 효과를 누구나 겪어본 적이 있을 것이다.

이 책은 일에 치여 하루를 무기력하게 보내는 직장인들이 음악으로써 행복한 삶을 살기를 바라는 마음으로 썼다. 그리고 직장인뿐만 아니라 아르바이트생부터 계약직, 주부 등등 다양한 환경에서 '일'을 하는 모든 사람을 위해 만들었다. 각 챕터마다 소개된 음악과 함께 책을 즐기기를 바란다.

Contents

PART 02 × 일과 삶의 조화로운 균형, 워라밸 트렌드

PART 03 × 음악이 당신의 일상을 바꾼다

PART 04 × 퇴근 후엔 음악의 세계로 출석

누구나 즐길 수 있는

음악을 통한 워라밸

PART 01

누구나 음악 할 수 있다고?
시작이나 해봤나?

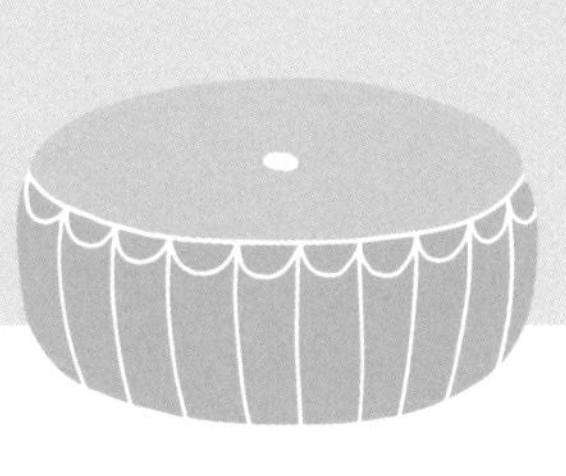

Beethoven Symphony No.5 in C minor Op.67

새로운 라이프스타일, 나의 삶을 위한 특별하고 직접적인 로망

우리는 일의 홍수 속에서 허우적대며 살고 있다. 눈을 뜨는 것조차 내 의지와 상관없이 직장에 가기 위해 무던히도 애쓰며 눈을 뜨고 있지 않은가. 지금 이 책을 읽고 있는 대부분의 사람들이 의도치 않게 선택한 일을 하며 살고 있기 때문이리라. 그리고 그것은 직장에서 탈출하고 싶다는 강한 욕망으로 표출되고 삶이 불행하다고 생각되는 시대까지 왔다.

그럼 이 시대를 유연하게 살기 위해선 어떻게 해야 할까. 바로 일만 바라보며 살 것이 아니라 나의 삶을 위한 특별하고 직접적인 로망을 가지는 것이다. 그 일환으로 악기를 연주하고 작곡을 하며 가사도 써보고 노래하는 것을 적극적으로 추천한다. 음악이란 태어난 순간부터 지금까지 당신 옆에 자연스럽게 존재해왔으며 언제든지 친근하게 다가갈 수 있으면서도 명품을 두르는 것처럼 내면의 성품을 향상시킬 수 있다. 그리고 무엇보다 누구든지 시작할 수 있다는 장점이 있다. 아니, 어쩌면 나도 모르게 음악의 세계에 심취해 있음에도 불구하고 깨닫지 못하고 있던 걸지도 모른다.

Beethoven Symphony No.5 in C minor Op.67, 이름만 봐서는 낯설었던 음악일 수 있지만 '빠바바밤'만 보아도 자연스럽게 곡이 들릴 것이다. 이 곡은 바로 어린이들도 안다는 베토벤 운명교향곡이다. 2초만 들으면 누구나 알아채는 이 멜로디를 당신이 알고 있다면 아마 지금쯤 머릿속에서는 벌써 베토벤 운명교향곡이 연주되기 시작했을지도 모른다. 두 마디 이후부터는 얼마 안 가서 끊길 수는 있지만.

이 단순한 도입부가 매력을 갖고 지금까지 사랑받는 이유는 무엇일까? 전통적인 작곡법으로 분석하기에는 우리의 머릿속도 복잡해진다. 음들은 아주 단순하다. 하지만 그런 단순한 음들로 4악장까지 전개, 발전해서 작성한 악보를 보면, 빠르기, 셈여림, 음높이에 대한 아주 상세한 지시를 볼 수 있다. 이런 고전적인 지식들이 현재까지도 작곡을 전문적인 활동이며 음악의 세계의 발을 들이는 것은 전문가만이 할 수 있는 것이라는 선입견을 만들었다. 또한 바이올린이나 피아노 같은 악기는 정말 오랜 시간 연습한 사람들만의 소유물이라는 선입견, 평범한 우리는 음악을 듣는 것만으로도 교양을 갖춘 사람이라는 선입견에 지대한 영향을 주었다. 하지만 정말 그러한가?

연주할 때 전문적인 지식의 악보를 봐야 하고, 작곡할 때는 오선보 테두리 안에서 춤을 추고 있는 듯한 음표들로만 만들어야 한다고 생각한다면, 음악이라는 장르가 어렵다고 느껴질 수 있다. 하지만 음악은 단순히 전문적 지식을 나열한 것만은 아니다. 물론 선율, 리듬 등 지식도 중요하지만, 그것보다도 그 안에 담겨진 마음 그리고 열망을 표현하는 것이 더 중요하다.

당신의 내면에 표현하고자 하는 것이 확실해진다면 그 외의 기술적인 것들은 버무려지고 담겨서 표출된다. 그렇기 때문에 연주를 하든 작곡을 하든 나를 표현하는 방식으로 접근한다면 어렵지 않게 다가갈 수 있다.

운명의 도입부 중에서 4음의 모티브를 '운명은 이렇게 문을 두드린다'로 표현한 것처럼 우리도 음악으로서 나를 표현할 수 있다. 4음의 모티브를 다시 떠올려보자. 누군가가 문을 두드리는 소리처럼 들리지 않는가? 청각을 잃기 시작하면서도 포기하지 않는 의지를 갖고 있는 베토벤의 삶이 고스란히 느껴지는 대목이다. 두 마디 이후의 어려운 악상들을 생각하지 말고 이 두 마디만 갖고 연주해보자.

당신의 삶을 두 마디 안에서도 충분히 옮길 수 있다. 그리고 그 이후는 나의 손이 가는 대로 연주하는 것이다. 인생에서 무언가를 두드린다는 것을 표현해보자. 베토벤처럼 운명에 대한 거대한 것일 수도 있지만, 회사에서 부장실의 문앞에서 결재서류를 들고 두근거리는 마음으로 문을 두드리는 소리를 표현할 수도 있지 않을까. 이것은 같은 모티브를 갖고 나를 표현하는 하나의 수단이 된다.

우리도 베토벤처럼 음악으로 스스로를 표현할 수 있고 더 나아가 평범하게 살고 있는 삶을 표현함으로써 감동을 줄 수 있다. 그 감동은 당신의 멋스러운 삶에 빛이 되어 삶의 가치를 한층 더 높여 준다.

예술의 주인인 인간은 누구나 시한부 인생을 살고 있다. '오는 순서는 있지만 가는 순서는 없다'는 말이 있다. 당신을 포함하여 모든 인간은 짧으면 몇 년 후 혹은 당장 내일 죽을 수도 있다. 하지만 우리는 행복한 삶을 위해 하고 싶은 것들이나 해야 할 것들을 여러 가지 이유로 미루면서 산다. 너무 느긋하게 감나무 밑에서 감 떨어지기만을 기다리고 있는 삶만을 사는 것이다. 이것은 자신의 삶을 능동적으로 살지 않는 형태이며 허송세월로 시간을 흘려보내는 것이다. 다시 한번 강조한다. 나의 행복은 내가 쟁취하는 것이다.

당신의 행복의 우선적 가치는 무엇인가? 대부분 돈, 부동산, 아이 등등일 것이다. 당연히 중요하다. 나 또한 매일매일 경제 신문과 책을 즐겨보고 어떻게 재산을 굴릴까, 아이는 어떻게 키우고, 어떻게 대출빚을 갚을까 하는 주부 중에 한 사람이다. 하지만 인생은 유한하며 그 가치에만 몰두해서 살기에는 열심히 공부하고 일만 했던 지난날의 청춘들이 아쉽다. 이제는 일과 삶의 균형을 지킬 수 있는 워라밸Work and Life Balance을 누리면서 살아야 하는 시대라고 생각한다.

워라밸은 일과 삶의 균형을 뜻하는 신조어로, 잦은 야근과 긴 근무시간으로 해야 하는 일에만 집중하며 살아왔던 기존 대한민국의 직장문화에 적지 않은 파장을 몰고 온 물결이다. 즉 적당히 벌어 잘 살기를 희망하는 젊은 직장인들의 라이프스타일을 뜻하게 되었다.

승진과 연봉 인상에만 집중했던 기존세대와는 차별되어 개인시간의 확보와 삶의 만족도를 중시하는 새로운 세대가 등장한 것이다.

워라밸의 세대에 살고 있는 사람들이 자신이 능동적으로 감동받고 행복해지는 방법이 무엇이 있을지 고민하고 있다면 나는 음악적 취미를 가져보라고 적극적으로 권하고 싶다. 음악적 취미는 듣기만 하는 수동적 형태에서부터 공연장을 찾아가 직접 음악적 분위기를 느끼고 더 나아가 자신의 삶을 연주하고 작곡으로 표현하는 것을 권하고 싶다.

내 현재의 상황이나 기분을 어루만지는 음악을 항상 듣고 있다면, 이제는 연주해보자. 피아노이든 기타이든 자신에게 익숙한, 또는 하고 싶은 악기를 집어 들면 된다. 인생의 굴곡에 대한 파노라마가 스치듯 지나갔다면 그것에 대해 적어보자. 일기 형식도 좋고 시적인 형식도 좋다. 음악은 내가 표현하고 싶은 분위기에 가장 근접한 음악을 틀어 놓고 나의 인생에 대해 노래로 불러보자. 그것은 나의 모티브가 되어 나의 음악을 만드는 원동력이 될 것이다.

그리고 점점 음악은 나 자신이 인생의 주인으로 살고 있다는 행복을 불어넣는 원동력이 될 것이다. 음악은 강력한 힘으로 나의 감성에 대한 지대한 영향을 주며 더 나아가 주변 사람들, 그리고 세상 사람들에게 영향력을 끼친다.

🎧 서른 즈음에 – 김광석

음악, 평범한 사람이 하기엔 너무 어려울까?

음악은 '제대로 배운 전공자들만 하는 것이 아닌가요?', '내가 하기에는 너무 어려울까요?' 묻는 사람들이 종종 있다. 특히 작곡에 대해 지레 겁먹고 '작곡은 천재들만 하는 것이 아닌가요?' 라고 자주 묻는다. 그렇다면 천재라고 칭송받는 모차르트의 예를 함께 살펴보자.

1815년, 독일의 〈일반 음악 저널〉General Music Journal은 모차르트가 지인에게 보낸 편지의 일부를 공개했다. 편지에서는 모차르트의 창작 과정을 설명하고 있다.

"나 같은 경우, 악상이 가장 훌륭하고 풍부하게 흘러나오는 시간은 완전하게 나 자신으로 존재할 때, 전적으로 혼자 있을 때, 기분이 좋을 때, 예를 들어 마차를 타고 있을 때나 맛있는 식사를 하고 산책을 할 때 그리고 밤에 잠을 이루지 못할 때다. 이 모든 상황이 내 영혼을 불태우고, 방해받지 않는다면 그 악상은 저절로 확장되고 체계가 잡혀 윤곽을 드러낸다. 그래서 전체가 비록 길다 할지라도 내 머릿속에서 거의 완성된 상태를 유지하기 때문에 나는 마치 멋진 그림이나 아름다운 조각상처럼 이를 한눈에 살펴볼 수 있다. 나는 상상 속에서 각 부분들을 잇달아 들을 뿐만 아니라 전체를 한꺼번에도 듣는다. 악상을 적는 단계에 이르면 그 기록 과정은 무척 금방 끝난다. 앞에서 말했듯이 모든 과정이 이미 완료 상태이기 때문이다. 그리고 내가 상상했던 내용과 종이에 옮겨 쓴 내용이 다른 경우는 드물다."

위에 말들을 종합해 본다면 모차르트가 쓴 유명한 오페라, 교향곡 등 그 수많은 곡이 그가 전적으로 혼자 있을 때, 기분이 좋을 때 '완성된 상태'로 그에게 찾아왔다는 뜻이다. 그 수많은 명작은 상상하는 과정 속에서 완성되어 이루어졌고 그 후엔 기록하는 일뿐이었다는 것이다.

그러나 이것은 철저한 위조문서이다. 이 사실은 모차르트 전기 작가 오토 얀Otto Jahn이 1856년에 처음으로 증명했으며 이후 다른 여러 학자들이 그 사실을 확증했다. 모차르트가 실제로 그의 가족들, 그 외 여러 사람들에게 보낸 편지에는 그가 실제로 창작했던 과정을 보여준다. 그의 재능이 특별했던 것은 사실이지만 그 걸작들은 상상을 통해 완성된 상태로 그에게 오지 않았다. 모차르트는 아버지 레오폴트 모차르트Leopold Mozart의 헌신과 집착으로 만들어진 '노력형 작곡가'이다.

그는 먼저 작품의 개요를 정하고 이를 수정했으며 곡이 만들어지지 않을 때에는 머리를 쥐어짜기도 했다. 하던 일을 제쳐 두었다가 나중에 다시 돌아와 다시 작곡하기도 했고 피아노나 하프시코드가 없으면 작곡을 할 수 없었다. 그는 작곡을 하는 동안 화성법이나 관현악법을 많이 생각하며 이론과 기교를 곡에 대입했다. 물론 타고난 재능과 일생에 걸친 연습 덕분에 빠르고 능숙하게 작곡할 수 있게 되었지만, 그의 작곡 과정은 바로 '노동' 그 자체였다. 그 편지는 위조였을 뿐만 아니라 명백한 거짓이었다.

주변의 지인들에게 "당신은 음악을 좋아하나요?"라고 질문을 해보자. 분명 음악을 즐겨 듣는 타입이 아닐지라도 "아니요."라고 대답하는 사람은 극히 드물 것이다. 누구나 자신들만의 방식으로 음악을 좋아한다. 우리가 삼시세끼 밥을 먹듯, 침대에 누워서 잠을 자듯, 의식주의 한 부분처럼 음악을 항상 틀어놓고 삶을 사는 이들도 있다. 인간에게 음악은 삶의 한 부분이며 음악 없는 세계를 상상하기는 거의 불가능하다.

사람들은 음악을 듣는 것은 좋아하지만, 노래를 부른다거나 사람들 앞에서 연주하는 것에는 부끄러워한다. 혼자만의 공간에서 음악을 틀어놓고 머리를 돌리며 노래를 하는 것은 쉬운데 다른 사람 앞에서 노래를 부르는 것은 이토록 두려운 것일까? 관광버스에서 한 사람씩 돌아가며 노래 부르기를 시켜도 부끄러워하며 그 시간이 넘어가기만을 간절히 바라는 사람 중 하나가 당신일 수도 있을 것이다. 왜 이토록 노래하기가 부끄러울까? 그 이유는 문화를 지배하는 커다란 선입견과 관련이 있다. 음악성에 대해 예외적인 극소수만 지닌 천부적 재능이라는 선입견 말이다. 음악은 전문가에게 맡기는 것이 좋고 음악교육은 어린 시절에 시작해야 하며, 성인은 손가락이 굳어서 악기를 배워봤자 잘 연주할 수 없다는, 절대다수의 사람들은 음악을 듣기만 해야 할 운명이라는 선입견 말이다.

이 모든 선입견은 틀렸다고 생각한다. 이것은 나만의 개인적인 견해가 아니다. 역사적으로 기록이 남아있고 수많은 논문들과 기록들이 이를 뒷받침해주고 있다. 음악성은 인간이 갖추고 있는 가장 기본 능력이며 우리 모두가 음악성을 지니고 있다. 또한 연주는 누구나 할 수 있으며 작곡이라는 창작행위는 더 이상 전공자들의 전유물만은 아니다.

아마추어 오케스트라에 이야기해보자. 오케스트라라고 하면 예술의 전당에서 스포트라이트를 받으며 고급 연주복을 입은 전문가만이 할 수 있다고 생각할지 모르겠다. 하지만 지금 컴퓨터를 켜고 인터넷에서 검색하여 현재 살고 있는 동네에 아마추어 오케스트라가 있는지 살펴보자. 아마 대부분 지역에서 쉽게 찾을 수 있을 것이다.

그만큼 한국이라는 나라에서도 수많은 아마추어 오케스트라가 활동하고 있다. 아마추어 오케스트라를 찾아가 보면 청년부터 노인까지 악기를 연주하며 즐거워하고 음악을 좋아하는 다양한 사람들을 만날 수 있다. 그리고 자신이 지금까지 갖고 왔던 굳어진 선입견을 깨주는 감성들도 많이 다가올 것이다.

물론 오케스트라는 합창단보다 아마추어의 폭이 좁다. 개인의 실력이 어느 정도 안정된 상태에서 다른 악기들과 지휘자의 합을 맞춰야 한다. 음악은 시간예술이기 때문에 당신이 악보를 놓쳐버려도 다른 악기들은 그대로 진행된다. 이러한 환경에 연습 초반에는 멍해지고 멋쩍은 상태가 한동안 이어질 것이다. 그럼에도 불구하고 음악을 사랑하는 열정만 있다면 이런 시련을 겪고 난 후 다양한 악기의 다채로운 음향과 함께하는 음악활동이 당신의 삶을 휘감을 수 있다. 인생에 한 번쯤 도전해 볼 가치가 충분히 있다.

작곡에 대한 열망도 좋다. 작곡은 음을 창작하는 행위로 창조성을 드러낸다. 작곡은 창조성의 으뜸이다. 모든 음들이 완전한 형태로 나에게 찾아오는 마법은 없다. 영감이 번쩍이는 순간을 바라는 것보다 오로지 오랜 시간에 걸쳐 인내심을 갖고 가야 한다.

그렇기 때문에 평범한 사람들은 전문적인 작곡법보단 자신의 스토리와 감성을 토대로 작곡하여 사람들에게 충분한 감동을 줄 수 있다. 하지만 막상 펜을 잡고 순탄했던 지난날을 떠올리며 가사로 옮기고 작곡을 하려고 보니 버라이어티한 음악이 나오지 않기 때문에 평범한 일상으로 작곡하는 것은 어려울 것이라는 생각에 도달할지도 모른다. 물론 다양한 경험이 작곡에 도움이 되는 것은 사실이지만 그렇다고 해서 그것이 예술가가 되기 위한 필수 조건은 아니다.

내가 겪었던 상황들을 다르게 바라볼 수 있는 시선의 각도와 여기저기 듣고 읽었던 수많은 간접경험. 그리고 풍부한 상상력이 오히려 실제 경험처럼 생생히 듣는 이에게 전달할 수 있다.

명성황후 OST 중에서 조수미의 〈나 가거든〉이라는 음악이 있다. 이 음악은 "나는 조선의 국모다"라는라는 명대사를 남기며 명작으로 남았다. 이 음악뿐만 아니라 수많은 역사 드라마의 음악이나 뮤지컬 넘버들에서 요즘 접할 수 없는 전쟁 장면들, 공포 영화에서 나오는 음악들을 작곡가가 직접 경험하고 연주가가 연주하는 것은 무리가 있을 것이다.

음악은 마법이 아니다. 음악은 노동에서 나오고 학습될 수 있다. 모차르트가 음악적으로 '성숙한' 나이를 21세로 보면 그는 오히려 늦깎이로 분류될 만하다. 그의 아버지가 시킨 교육을 감안할 때, 그는 1만 시간의 연습을 아마도 사춘기 전에 마쳤을 테니까 말이다.

라이프 UP!
음악을 하고 싶은 '나'를 이해하기

나는 왜 돈을 벌려고 하는가. 그리고 직장과 회사가 싫다고 하면서도 계속 출근하는 이유가 무엇인가. 돈이라는 것은, 그리고 직장이라는 것은 생계와 연관되어 있기 때문이다. 나조차도 주위 사람이 갑작스럽게 회사를 그만둔다고 하면 일단 말리고 볼 것은 자명한 일이다.

대부분의 직장인들이 그렇듯 회사에서 인정받기 위해, 승진 경쟁에서 탈락하지 않기 위해 시간과 노력을 회사에 쏟아 붓는다. 하지만 인생은 나를 위해 살아야 한다. 그리고 그것을 결정하는 것은 '나'라는 존재이다. 오히려 인정을 받는다는 것, 승진을 해야 한다는 것조차 내 안의 욕심으로 작용하는 일이 많다.

오히려 그 욕심을 내려놓고 받는 월급만큼 일하면서 편안한 마음으로 즐겁게 직장생활을 하며 내면에 귀를 기울인다면 정신적인 삶의 질을 높일 수 있다. 즉 자아실현을 하게 되면서 삶의 만족도가 높아지고 자존감이 향상될 수 있는 것이다.

지금 당신은 하루하루를 자신에게 솔직한 시간을 갖고 있는가? 친구들에게 문자를 보내는 말미에 '오늘도 좋은 하루 보내'라고 썼다면 이제는 '오늘은 기억에 남는 날로 보내'라고 써보자. 그렇다면 오늘의 순간순간을 좀 더 최선을 다하지 않을까. 지금까지 살면서 가슴 벅찬 순간을 맞이한 적이 몇 번이나 있었는지 지난날을 되돌아 보는 시간을 가졌으면 좋겠다.

앞서 계속 얘기했듯이 삶이란 두 번은 없다. 지금 살고 있는 이 순간은 한 번뿐이다. 음악을 하고 싶어도 못하는 상황 속에 살아온 날들에서 벗어나 당신이 하고 싶다 느끼는 순간 첫 번째 껍질에서 벗어나는 것이다.

그리고 그것은 곧 당신의 삶에 대해 집중한다는 것이다. 내 인생에 음악이 들어온다는 것은 나를 위한 시간을 보낸다는 의미이며 삶을 진지하게 살펴보고 집중한다는 것이다. 그리고 공평하게 주어진 시간 속에서 나의 라이프를 UP하여 특별하게 살아가는 것을 뜻한다.

한때 음악의 감수성이 풍부했던 어린 시절을 갖고 있는 당신이라면 통기타를 들고 음악을 하고 싶었던 마음을 갖고 있었을 것이다.

아마도 음악의 즐거움을 봄같이 즐기며 꿈을 갖고 통기타를 만져 굳은살이 배어가며 공부보다 연습에만 매진했을지도 모른다. 하지만 현재 건조하게 살고 있다고 느끼는 당신이라면 딴따라라는 집안의 반대에 부딪히거나 꿈보다 주변에 챙겨야 할 수밖에 없는 많은 것들 때문에 음악이라는 날개를 살포시 접어놓았지 않았을까. 현실을 살아갈 수밖에 없었던 과거를 갖고 있는 사람이라면 이제는 자신의 행복이 무엇인지 찾아서 살아가는 멋진 사람이 되어 보자.

꿈도 못 꾸는 사람보다 꿈을 버리지 않는 사람이 더 멋진 법이다. 망설이는 시간조차 아까운 나이라면 그 시간을 단축시켜야 한다.

음악을 듣고 연주나 작곡을 한다는 것은 자기 자신을 바라보는 시간을 갖게 한다. 음악을 하면서 자신을 발견하게 되는 것은 예술가만의 국한된 영역이 아니다. 오히려 음악을 사랑하는 마음이 벅차올라 스스로 음악을 듣고 배우는 사람은 그 과정을 통해 자신을 돌아보고 발견하여 자신이 무엇을 할 때 행복한지 아는 사람이 될 수 있다. 그런데 지금 우리가 살고 있는 각박한 현실의 가장 큰 문제는 바로 자기 자신이 행복하다고 느낄 수 있는 '감성'이 부족하다는 점이다.

내가 무엇을 통해 행복하고 즐거워하는지조차 모르고 살고 있을지도 모른다. 즉 자신의 감성이 메마른 것조차 인지하지 못하고 있는 사람들이 대부분이다.

음악을 연주나 작곡을 통해 적극적으로 임할 때 가장 중요하고 특별한 점은 '내면에 잠재되어 있는 감성'과 '무한한 상상력' 그리고 '자기성찰을 통한 치유' 이 세 가지이다. 현대 사회에서는 가면 갈수록 빠른 것에 집착하여 빠르게 생각하고 결정하며 직접적이고 자극적인 생각들을 추구할 때가 많다. 하지만 중요한 것은 빠르게 생각하는 것이 아니라 바르게 생각하는 것이다.

그리고 시간을 들여가며 조용히 자신의 내면을 성찰한다면 나를 이해하는 것에 조금 더 다가갈 수 있다. 나의 과거에서부터 현재까지 되뇌어보고, 인식하고, 바라볼 수 있는 시간이 필요하다.

직장인들이 일상에서 작곡을 시작한다면 음악을 전공하고 오랜 시간 동안 음악을 할 사람과는 다른 방법으로 음악을 배워야 한다. 입시를 준비하는 학생이 배우는 방법과는 180도 다르다. 행복해지기 위해서 음악을 하는 것이기 때문에 기술이 아니라 시선을 바꾸고 내 안의 감성을 깨우는 것을 목표로 해야 한다. 행복은 나에게 가장 가까이 있는 것에 대한 관심으로부터 출발한다.

그것을 적극적으로 시작하는 순간 그 상황들이 점점 구체화되기 시작한다. 현재 자신이 있는 공간에서 자신이 좋아하는 음악을 틀어 보자. 좋아하는 음악을 들었을 때 사람이 느끼는 행복한 기분은 맛있는 음식을 먹거나 잠들 때 얻을 수 있는 기분과 동일하다. 행복함을 느끼기 위해서 필요한 행동이나 마찬가지라는 소리이다.

음악은 식사나 수면을 관장하는 뇌의 오래된 영역인 대뇌변연계라는 곳에서 처리를 담당한다. 그것은 음악이 생명에 반드시 필요하다고 판단했기 때문이라고 생각한다. 자연의 모든 현상에는 의미가 있다. 곧 음악이라는 존재의 중요한 가치는 생명 존속의 중요한 기관이 음악에 반응을 보인다는 사실이다.

이제는 일상생활에서 음악을 듣는 습관부터 길러 보자. 그 습관은 목표를 이루고자 할 때 좋은 효과를 낸다. 좋아하는 음악을 틀어 놓고 욕조에 따뜻한 물을 받고 몸을 담글 때, 앞으로 험난이 예상되지만 해야 할 목표를 떠올리며 앞으로 다 잘될 것만 같은 자신감과 행복감을 느낄 수 있다.

이런 행동을 반복하기만 해도 매일매일 긍정적인 사고를 가질 수 있으며 설령 스트레스가 심해서 고민에 빠지고 우울할 때라도 부정적인 감정에서 회복할 수 있다. 음악에는 우리가 행동하는 에너지 수준을 높이는 효과가 있다. 일상생활에서 음악을 의식주의 한 부분으로 자연스럽게 더 많이 접한다면 우리의 인생이 더욱 행복해질 수 있다.

음악을 듣는 것이 자신의 삶의 일부분으로 자리를 잡았다면 이제는 연주나 작곡을 나의 삶에 끌어들여 보자. 연주나 작곡을 한다면 나에 대한 것은 물론 자신의 일에 대한 마음가짐까지 바뀔 수 있다. 연세가 어느 정도 되신 레슨생들에게 작곡을 해서 다른 점이 있는지를 물었다.

"내 상황과 그에 따라오는 나의 감정들을 알게 되고 더 깊이 생각하게 되었다.", "섬세해진 것 같다.", "어른이 된 것 같다."와 같은 감상을 들었다.

회사라는 곳은 월급만 주는 곳이 아니다. 스트레스를 받는 상하관계나 어려운 동료 관계도 물론 있겠지만 형제 같은 선후배들과 삼촌 같은 상사들과 함께 정을 나눌 수도 있을 것이다. 그리고 분명 인간관계란 무조건적인 좋은 관계나 무조건적인 나쁜 관계로 이루어지진 않는다. 그리고 이 관계는 돈으로는 살 수 없는 것들이다.

오히려 그 모든 관계의 이유는 내가 가진 시선과 행동을 통해서 이루어진 경우가 많다. 그렇기 때문에 나를 이해하고 나를 바꾼다면 내 삶이 바뀔 수 있는 것이다.

그러므로 내 라이프를 UP하는 꿈을 꾸며 살자. 꿈을 꾼다는 것은 결국 나 자신이 행복해지기 위해서이다. 그리고 음악에 사로잡혀서 행복한 삶을 살자. 내가 좋아하는 음악, 음악을 추구하는 것은 당연하다. 음악에 빠진다면 내 라이프가 행복할 수 있다.

Chasing cars - snow patrol

워라밸 세대,
음악을 하고 싶다면 일단 시작해라

워라밸이라는 단어가 30, 40대를 필두로 점점 모든 세대에 영향을 끼치고 있다. 'Work and Life Balance', 즉 일과 삶의 균형을 잡고 사는 것을 뜻하는 말이다. 1970년대 등장한 단어지만 베이비부머나 386세대에게는 다소 낯설게 느껴졌었다. 한 개인의 작업과 생활 사이의 균형을 설명하기 위해 1970년대 후반 영국에서 처음 등장한 단어가 1980년대 후반 들어서는 미국에서까지도 사용됐다. 다만 우리나라에서는 지난해부터 '가심비가격 대비 심리적 만족', '소확행작지만 확실한 행복', '욜로현재 자신의 행복을 가장 중시'라는 신조어들과 함께 빠르게 전파되고 있는 것이다.

물론 기성세대와의 충돌도 면치 못한다. "요즘 애들은 헝그리 정신이 없어. 워라밸이니 뭐니, 결국 일은 하기 싫고 월급만 원

한다는 거 아냐?"라는 가치관과 부딪치고 있을지도 모른다. 물론 기성세대 입장에서는 승진과 성공만을 위한 목표로 살았기 때문에 성공에 연연하지 않고 개인적인 시간을 가지려는 워라밸 세대를 단번에 이해하기 어려울 수도 있다. 그리고 그 간극의 차가 아직은 넓어서 자신의 취미생활을 시작하는 것에 주저하고 있을지도 모른다. 하지만 인생은 쟁취하는 것이다. 우리는 노력하면 보상이 따른다는 '헝그리 정신' 아래에 '워커홀릭일 중독자'이라 불리던 세대와는 다른 시간으로 살고 있다. 그리고 모든 것은 일단 시작하는 사람에게 쟁취라는 승리를 안겨준다.

내가 작곡 레슨을 할 때 있었던 일이다. 약간 산만한 아이였는데 오선보와 계이름도 낯선 상태에서 실용음악과에 갑자기 가고 싶어져 보컬 지원을 한 고등학생이었다. 어렸을 때의 꿈이 자신의 곡을 직접 작곡하고 거리를 돌아다니는 싱어송라이터라 보컬수업과 함께 작곡수업을 신청했다고 했다. 하지만 원대한 꿈과는 달리, 퉁명스럽게 말하는 것이 세상에 멋을 내는 것이라고 착각하는 듯한 거들먹거리는 늦깎이 사춘기 학생이었다. 작곡을 해본 적이 있냐는 물음에 해봤으면 여기에 오지 않았다는 소리도 함께 들으며 첫 수업을 시작했다.

"이건 도레미파솔라시도야."

한참을 음악이론이라고 하기도 뭐한 음악 기초를 가르쳐 주는데 기초는 따분했는지, "선생님, 이런 방법 말고 바로 만들 수 있는 방법이 없나요?"

어린 친구가 기초도 하기 싫어하는 상태에서 멋있는 것부터 하려고 하는 겉멋이 잔뜩 들은 모습에 나름 괘씸했지만 그래도 작곡을 하고 싶어 온 학생이니 무언가를 보여주어야 했다.

"그래, 그럼 종교가 뭐니?"

"천주교예요."

나는 그 즉시 레미파파미파파 음표를 그렸다. 그러도 제대로 알아보질 못했기 때문에 노래를 불러 주며 따라부르라고 시켰다. 의미 없는 레미파파미파파가 계속 울려 퍼졌다.

"눈을 감고 상상해봐. 너는 지금 성당에 있는 거야. 앞에 신부님들이 미사를 드리고 있고 위에는 오르간이 반주를 해주고 있어. 그 분위기에서 성당 미사 때 부르는 합창을 부른다고 생각하며 상상하며 다시 불러보렴."

학생은 눈을 감고 노래를 부르기 시작했다. 툴툴거리는 것과는 반대로 즐거워하는 모습을 보니 나는 흡족했다.

"이제 성가를 만들어볼까? 아까 배운 레미파 세 개만 쓰는 거야. 니가 부르는 대로 내가 다른 음들을 내서 화성을 내어 볼게. 너는 레미파만 아까와 같은 느낌으로 불러봐봐."

사춘기 학생이 레미파를 부를 때 나 또한 레미파를 대위법적으로 따라부르며 음악을 만들었다. 성당 미사에서 들을 수 있는 오묘한 음들이 방을 가득 메웠다. 이윽고 노래가 끝나고 감상에 대해서 말해보라고 했을 때 파이프오르간과 대성당의 실내가 울리는 것과 같은 느낌을 받았다고 했다.

이렇게 고급지게 학생을 가르친 적이 있다. 다른 학생들이 사춘기 시절을 넘어 오춘기 시절을 갖고 나에게 찾아왔을 때 종교가 기독교인 친구들은 CCM성가로 하거나 랩이나 힙합을 좋아했으면 그 비트를 틀어놓고 자신의 가사를 비트에 맞추어 읊조리라고 했다.

역시 학생은 학생이다. 부모가 시키는 대로의 스펙 설명서를 가져야 하는 삶을 살고 있는 아이들 사이에서도 자신이 하고 싶은 일을 하기 위해 학생들은 음악학원에 문을 두드린다. 이 글을 보고 있는 당신도 음악인의 길을 꿈꿔 봤을지 모르겠다. 통기타를 들고 세계를 누비는 꿈을 꿨을지도 모르겠고, 무대에 올라서 자신의 곡을 부르며 제2의 〈벚꽃엔딩〉을 꿈꾸며 벚꽃연금을 만들었을지도 모를 일이다. 그만큼 자신의 감정이나 지식, 경험 등을 가사에 녹아내리며 멜로디에 자신의 타오르는 감정을 넣는 행위가 매력적이기 때문일 것이다.

음악을 취미 삼아 시작하는 사람은 다음 세 가지를 고민한다. 물론 음악 전공을 지향하는 학생들이게도 이 물음에 대해 자유롭지 않다.

첫째 어떤 것을 연주나 작곡할 것인가?

둘째 어떻게 연주나 작곡할 것인가?

셋째 내가 음악은 무슨…

음악을 듣다가 첫째, 둘째를 운 좋게 생각했더라도 결국 세 번째 질문으로 돌아오는 제자리걸음일 뿐이다. 하지만 점점 이에 대한 물음이 깊어지는지 서점에 가보면 음악에 관한 책을 손쉽게 찾을 수 있다. 물론 취미나 예술에 관한 구역이 재테크 책이나 자기계발 서적의 귀퉁이를 돌아 맨 구석에 있을지라도 예전에 비해 음악과 예술에 대한 책들이 많아진 것은 사실이다. 하지만 이것저것 여러 권의 책을 읽고 난 후에도 여전히 위의 세 가지 고민에 대한 답을 찾지 못해 더욱 미궁 속으로 빠진다.

세상에 그 누구도 태어날 때부터 음악가였던 사람은 아무도 없다. 어렸을 때부터 쳤던 〈고양이 춤〉이나 〈나의 살던 고향은〉 같은 곡들을 악보를 보고 더듬거리면서라도 지금까지 칠 수 있으면 당신은 연주가이다. 부정적인 사고방식에 갇혀 머뭇거리기보다 자신의 감정과 느낌을 흥얼거리며 표현하라. 모든 사람은 작곡가가 될 수 있다. 꼭 음반을 내고 공연을 내는 사람만 지칭할 필요는 없다. 당신의 곡을 가족에게 연주했을 때, 가족에게 당신은 작곡가이자 연주가이다.

누구나 새로운 도전을 하고 싶은 마음이 매년, 특히 연초에 생기지만 두려움 때문에 쉽게 시작하지 못한다. 성공의 잣대를 들이밀며 아직 오지 않은 실패에 대한 잔상들로 머릿속을 휘젓고 나의 재능에 대해 의심하고 성공이니 실패니 평가하는 것 자체가 자신의 내면에서 생기는 마이너스적인 기운일 뿐이다. 시작할 때 가장 중요한 것은 음악 자체를 즐겨서 나의 행복을 찾는 것이다. 그리고 나를 비롯한 여러 사람들과 감동을 주고받으며 나를 드러내는 것이다.

워라밸 세대는 개인의 행복을 중시하며 경제적인 풍요로움 속에서 자란 세대이다. 즉, 배가 고파서 열심히 일하는 헝그리 정신이 와 닿지 않는 세대인 것이다. 기성세대와 워라밸 세대가 가진 십자가는 다르다. 오히려 워라밸 세대는 과도한 경쟁사회 속에서, 최악의 취업난을 겪으면서 불안감에 지친 것에 더 스트레스를 받는다. 그러므로 이 불안감을 안고 우울 속에서 살아가는 것을 극복하고 음악의 시작을 통해서 행복해지고 나를 찾아 드러내면 된다.

당신의 목표는 음악을 생업으로 하는 생활형 음악가가 되는 것이 아니다. 음악에 대한 책을 살 때 전공자들이 쓰는 책들을 살 필요가 없다. 그 책들은 복잡하고 단어가 어려우며 쉽게 따라할 수 없을 기술을 요하는 책들이 대부분일 것이다. 그리고 그 책을 쉽게 이해 못해 내가 할 수 없는 영역이라 단정 지으며 포기할 수 있다.

강조하여 말하자면 책이 쉽게 따라 할 수 있는 내용이 아니면 내가 못하는 것이 아니라 나랑 안 맞는 책이다. 책에 따라 나의 열정을 꺾을 필요가 없다. 연주할 악보를 고를 때도 마찬가지이다. 굳이 베토벤이나 모차르트의 빽빽한 음표들을 처음부터 고를 필요가 없다. 그저 자신에 맞는 책을 선택하거나 선생님을 찾아가면 된다. 특히 고전적인 방법으로 음악을 가르치는 사람보다 음악을 좋아하고 느끼게 해주며 당신의 감성을 표현하여 음악으로 담기게 해 줄 수 있는 선생님을 찾으면 된다.

기성세대가 워라밸 세대를 '도둑놈심보'라고 비난할 수도 있다. 하지만 워라밸 세대는 '돈 버는 기계'가 되고 싶지 않을 것이다. 오히려 이런 트렌드를 갖게 된 이유는 끊임없는 과열경쟁을 거치면서 워라밸이라는 나름대로 삶의 방식을 터득한 것이라 할 수 있다. 지나치게 일이 과중되어 있는 사회 속에서 일과 여가시간의 균형을 맞추는 것이 무엇보다 중요하다.

축제의 삶을 살기 위해 악기 하나씩은 다룰 줄 알아야 한다

1년 중 항상 기다려지고 가고 싶은 축제가 있는가? 우리나라에는 매년 크고 작은 축제들이 많이 열린다. 그중 내가 가장 좋아하는 축제는 벚꽃 축제이다. 일 년에 단 몇 주밖에 볼 수 없는 만개한 벚꽃들이 흩날리는 봄바람 아래에서 거리의 악사들의 음악소리가 들려온다. 행복이 가득한 얼굴을 가진 사람들이 삼삼오오 다니며 그 거리를 즐기는 모습은 TV에서라도 한 번쯤 봤을 것이다. 매년 벚꽃축제에 가는 나에게 그 행복한 광경은 기쁨을 가득 안겨줬다.

그밖에 보령머드팩축제, 부산국제영화제 같은 큰 축제에서부터 각 지방마다 특색을 갖고 만든 수많은 축제들을 알고 있다면 대부분 작은 곳이든 큰 곳이든 한 번쯤은 그 축제에 참석한 적이 있을 것이다. 축제라는 것은 삶의 일상에서 매일 느끼는 것이 아니라 현실세계 안에서 환상을 파는 것이다. 현실에 속해 있지만 항상 느낄 수 없는, 그래서 더욱 귀중하게 남기고 싶은 그런 순간순간들을 짧게나마 축제 속에서 느꼈을 것이다. 하지만 음악을 하고 악기를 연주한다면 축제의 삶을 사는 것과 같다.

일찍이 공자가 『논어』에서 말했다. '천재는 노력하는 자를 이길 수 없고, 노력하는 자는 즐기는 자를 이길 수 없다.' 즐긴다는 것은 그것에 대해 좋아하며 재미를 느껴서 시간 가는 줄 모를 정도로 빠져드는 것이다. 자신이 하는 일에 재미를 느낀다면 자연히 즐기게 되고, 그 즐거움의 강도가 높아짐에 따라 독특한 아이디어도 얻을 수 있으며, 증진적인 자기 발전도 이룬다. 시간이 어떻게 흐르는지 느끼지 못할 정도의 몰입을 느낄 수 있으며, 그 일에 매진하다 보면 비현실적으로만 느껴졌던 것들이 어느덧 현실 속에 들어와 있는 기쁨을 맛보기도 한다. 이러한 시간들을 반복하다 보면 성공할 가능성이 아주 높아진다. 여기서 성공이란 스스로가 즐기는 일을 통해 경제적 자유와 삶의 풍요로움을 누리고 타인에게도 도움이 되는 것을 뜻한다. 자신이 좋아하고 즐기는 일이 타인들에게 공감을 불러일으킬수록 그 영향력의 반경은 점차 넓어진다.

하지만 현실은 그리 녹록하지 않다. 지금의 20, 30대는 어쩌다 꿈 없이 수능점수에 맞춰 전공을 선택하게 되고, 나중에 내가 이 일과 맞지 않는다는 것을 알기까지의 고뇌와 머뭇거림을 갖고 있는 사람들이 많다. 적지 않은 대학생들이 전공 선택 후 회의를 느끼고 자퇴나 반수를 선택한다고 한다. 그렇게 수많은 스펙을 쌓고 준비한 취업 준비기간은 통계적으로도 매년 길어지고 있다. 이런 현실 속에서 좋아하는 일을 직업으로 삼는 사람들은 행운아이다. 자신이 즐겁게 일할 수 있는 일을 만나게 된 계기는 단순하게 호기심이나 취미에서 출발할 수 있으며 시대에 따라 새로운 직업을 만들어 내는 경우도 있다. 하지만 대부분의 직장인들은 좋아하는 일을 하지 못하고 생활과 가족을 우선적으로 고려한 직업을 선택한 후 방황하고 권태를 느끼면서도 생활을 위해 자신을 억누르고 사는 경우가 대부분일 것이다. 주식투자를 예술의 경지로 끌어올린 워런 버핏은 직업 선택을 고심하는 대학원생에게 다음과 같이 말했다.

> "자네가 좋아하는 일과 존경하는 사람을 위해 일하는 것이 좋네. 뭔가를 배울 수 있는 사람과 함께하고, 기분 좋은 조직에서 일할 때 좋은 성과를 올릴 수 있다네. 충고하건대 자네 생각에 지금은 매우 힘들어도 참고 일하면 10년 후에는 좋아질 것이라 생각하고 회사를 선택하거나, 혹은 지금은 보수가 적지만 10년 후에는 열 배를 받게 될 것이라는 기대로 회사를 선택하지 말게. 지금 즐겁지 못

> 하면 10년 후에도 마찬가지일 것이네. 그러니 자네가 좋아하는 일을 선택하게."

진정 좋아하고 내 자신을 바치기 아깝지 않은 일을 한다는 것은 나 자신의 행복을 향한 중요한 발걸음인 것이다. IT 메커니즘과 사람을 향한 인문학을 융합시킨 스티브 잡스도 이렇게 말했다.

> "마치 연인을 찾듯 사람들은 자신이 사랑하는 일을 찾아야 하며 한 존재가 진정으로 만족하는 유일한 길은 자신이 위대하다고 믿는 일, 즉 자신이 하는 일을 사랑하는 것이다."

그렇다면 이렇게 자신에게 물어보자. 자신의 일을 사랑하는가? 자신의 일을 위해 내 자신을 바치기 아깝지 않은가? 일할 때 행복한가?

물론 행복이라는 요건이 꼭 일에서만 있는 것은 아니다. 오히려 일과 분리되어 근무시간 이외의 시간을 자신을 위한 시간으로 만들어 삶의 질을 높이는 방법도 있다. 일이 즐거울 수 없다면 일하는 시간에는 일에 집중하되, 일 외의 시간을 음악과 함께하는 시간을 보내면 된다. 해야 할 일과 하고 싶은 일을 분리하는 것이다. 그렇게 된다면 음악에 집중하는 시간은 더욱 기다려지고 그 시간을 위해 근무시간을 더욱 집중할 수 있다.

악기란 내 감정 상태와 나라는 사람을 들여다보게 하는 하나의 도구이다. 같은 악기일지라도 어떤 사람이 연주하는가에 따라 들리는 음악은 천차만별이 될 수 있다. 그럼 '나'라는 사람이 연주하는 음악은 어떤 음악일지 생각해보라. 그리고 연주를 하고 싶은 장소를 상상하며 연습하는 것이다. 자신이 벚꽃나무 아래에서 봄바람을 맞으며 버스킹하는 것처럼 흥이 나게 연주를 한다면 그것만큼 삶의 질이 한층 더 높아져 있을 것이다. 그리고 그만큼 자존감이 따라온다면 봄에는 벚꽃 아래에서, 여름에는 바다 앞에서, 가을엔 단풍을 바라보는 산 위에서, 겨울엔 따뜻한 커피숍에서 진짜 자신만의 연주회를 가져보는 것도 좋은 방법이다.

풋풋했던 자신의 과거를 돌아보는 시간을 가져보자. 바로 내가 좋아하는 사람이 생겼을 그 당시 말이다. 그때는 초등학생 때일 수도 있고 중학생이거나 혹은 고등학생, 아니면 대학생 때일 수도 있다. 학교 수업이나 공부는 따분했지만 그 사람을 보기 위해 학교에 가는 그 시간이 즐거웠던 추억이 있다면 훨씬 공감할 수 있을 것이다. 하루 일과에 자신이 좋아하는 음악을 한다면 하루의 에너지를 기대감으로 생동감 있게 보낼 수 있다.

하고 싶은 것을 하는 것은 축제의 삶을 사는 것과 같다. 내가 좋아하는 음악, 특히 음악을 하는 것은 축제의 삶을 사는 것과 같다.

직장인 사춘기 해소법

'출근하기가 두려워진다', '심각한 월요병을 겪고 있다', '회사에 들어오면 뛰쳐나가고 싶다', '그만두고 싶다'는 생각을 혹시 가져본 적이 없는지 자신을 살펴보자. 대부분의 많은 직장인들이 비슷한 고충으로 괴로워하겠지만 유독 회사출근이 두렵거나 출근시간이 가까워지면 우울감까지 오지 않는지 생각해보자. 그리고 이런 생각들이 유독 심해 자신을 괴롭히고 있다면 '직장인 사춘기'일 가능성이 높다.

최근 미래가 가져올 불안과 불평등으로 인해 이직, 퇴사, 휴직 등을 심각하게 고민하는 직장인이 많다. 또 회사 내의 갈등과 관계의 문제로 인해 회사 출근조차 두려운 사람들도 증가하는 추세이다. 이런 감정들은 점점 '직장인 사춘기' 증상으로 나타나 우울증으로 이어진다. 항상 웃고는 있지만 속은 썩어들어가는 '스마일 마스크 증후군', 직장을 잃을지도 모른다는 불안감에 업무에 매달려서 사생활을 포기하고 항상 일만 생각하고 일만 하는 '슈퍼 직장인 증후군' 등 직장인 사춘기는 새로운 신조어를 만들며 계속 생겨나고 있다. 그럼 직장인 사춘기가 왜 생기는 것일까.

가장 큰 원인은 워라밸로 살지 못하는 삶 때문이다. 회사 내의 압박, 왕따, 월급, 야근 등 많은 원인들이 직장인 사춘기를 만들고 있다. 이런 직장인 사춘기가 심화되면 불면증, 만성두통, 탈모, 소화 장애가 생겨나며 결국에는 '자살'에까지 이르는 끔찍한 결과를 초래한다. 그렇기 때문에 위험한 '직장인 사춘기'를 해소하는 방법을 찾아야 한다. 참고 버티는 것이 능사가 아니라는 것을 깨달으며 나만의 해소법을 찾아야 한다. 그러므로 나는 감정을 직접적으로 어루만지고 치유해주는 음악을 자신만의 취미로 만들어 직장인 사춘기를 이겨내는 것을 추천한다. 업무 과정에서 쌓였던 스트레스를 해소하고 우울감에 사로잡히지 않도록 몰두할 수 있는 건강한 '취미'인 음악을 하는 것이 직장인 사춘기를 방지하는 데 도움이 된다.

음악은 사람의 마음을 희로애락을 느끼게 하고 영혼에까지 영향력을 미치며 더 나아가서 신체적 질병까지 치료할 수 있는 힘이 있다고 오래전부터 믿어왔다. 그러므로 단순히 여흥을 위한 예술이나 오락으로만 음악을 추구하는 것이 아니라 구체적이고 실제적인 목적을 달성하기 위하여 이용한다면 우울한 마음에 긍정적인 효과를 가져올 수 있다. 사람의 마음을 움직이는 효과를 적극적으로 활용한 사례는 음악치료에서 찾아볼 수 있다. 오랜 역사를 가진 음악치료는 과학적 근거에 대한 논란이 항상 있었음에도 불구하고 음악이 가진 힘을 실질적으로 활용하는 방법을 세계 곳곳에서 활용하고 있다. 그리고 음악치료를 행하는 사람들은 음악치료를 정당화하기 위해 다양한 철학적, 과학적 근거를 제시하고 있다.

사실 음악치료라는 거창한 명칭을 붙이지 않더라도 자신도 모르게 마음을 다스리기 위해 음악을 듣는 이들이 많다. 슬픈 마음을 달래기 위해, 우울한 기분을 위로하며 다시금 힘을 얻기 위해, 즐거운 기분을 나누기 위해, 산만하거나 정신없을 때 집중하기 위한 상태를 만들기 위해서 음악을 들으며 다양한 심리적인 문제를 해결한다. 그만큼 음악은 심리적으로 강한 영향력을 끼치며, 마음을 잘 다스릴 수 있다는 것이다.

음악으로 마음을 치료하기 위한 첫 번째는 좋아하는 음악성향을 정확하게 아는 것이다. 나는 어렸을 때부터 록Rock이나

EDM보다는 포크송이나 재즈, 클래식 같은 잔잔한 음악들을 좋아했다. 그리고 가요보단 좋아하는 드라마의 OST나 디즈니에 나오는 애니메이션 음악에 열광했다. 아마 음악이 영상과 매치가 되어 더 강렬하고 선명한 느낌으로 다가왔기 때문에 좋아하지 않았을까 싶다. 지금도 울적한 날에 〈인어공주〉의 〈Under The Sea〉나 〈라이온킹〉의 〈Hakuna Matata〉를 찾아서 듣고 그 가사의 의미를 다시 한번 음미한다. 취향에 맞지 않는 음악은 소음공해일 뿐이며 또 다른 스트레스를 불러일으킬 수 있다.

두 번째는 좋아하는 음악성향을 찾았다 하더라도 그때그때 상황과 심리적 상태가 일치한 분위기의 음악을 들어야 한다. 예를 들어 상사에게 말도 안 되는 일로 엄청 깨졌거나 열심히 달려갔던 프로젝트가 철퍼덕 엎어졌을 때, 또한 건강검진에서 문제가 있다는 선고를 받은 직후에는 많이 혼란스럽고 우울증을 겪을 수도 있다. 그럴 때 신나는 음악이 기분전환이 된다며 비트가 강하고 밝은 음악을 듣지만 오히려 공감이 되지 않아 두통을 일으키고 소음공해로 다가올 수도 있는 것이다. 이럴 땐 차라리 현재의 기분에 공감되는 슬픈 곡조의 음악이 마음을 어루만지고 가슴을 차분하게 가라앉힐 수 있다. 우울증 초기 치료에는 환자의 기분과 일치되는 음악을 들려주며 상태의 변화에 맞춰 점차 밝은 분위기의 음악을 들려주는 것이 더 효과적이다. 음악이 치료의 목적으로 사용될 때 가장 중요한 요건은 '공감'이다.

충분히 함께하는 마음을 나누며 음악을 공유해야 한다.

수동적인 형태의 음악감상으로 마음을 어루만졌다면 이제는 능동적인 형태의 악기 연주, 노래 부르기, 작곡하기 등으로 마음을 건드려보자. 기능적으로 연주만 하거나 악기를 두드렸다면 그 선율과 리듬 안에서 감정을 동화시켜 보는 것이다. 슬픈 곡조에서는 슬픈 마음을 있는 힘껏 쏟아내 보자. 내 가슴에 응어리를 손끝이나 목소리로 쏟아내는 것이다. 그리고 함께하는 음악 이웃이 있다면 자신의 감정이나 생각을 대화로 표현하고 서로의 생각을 나눠보자. 그 과정에서 자신이 갖고 있었던 문제나 고민들을 정확하게 깨닫게 되면서 해결되지 못했던 정신적, 감정적 문제를 음악을 통해 분출하게 되고 해소하게끔 만들어준다.

'음악'으로 치료한다는 것은 수술도구로 해결되지 않는 깊은 곳에서부터 약물처방이 효과가 없는 범위를 치료하는 치료법이다. 이것은 신체적으로 긍정적인 영향뿐만 아니라 일반의학이 설명하지 못하는 다양한 영역까지도 영향을 미칠 수 있다. 그리고 무엇보다 우리 생활에 뗄 수 없는 친숙한 예술 장르라는 점에서 누구든지 쉽게 접근할 수 있다는 장점도 있다. 그렇기 때문에 음악치료는 민간요법이라는 검증되지 않은 치료법이 아니라 현대 의학에서도 중요한 자리를 차지하게 되는 유용한 치료법 중 하나가 될 것이다.

정신의학자인 칼 융은 “치유란 인간을 창의적으로 만들며, 자신의 존재를 실험하도록 동기를 유발시키는 것”이라고 정의한다. 여러 가지의 마음의 병으로 고통받는 이들에게 음악치료를 통해, 신체적 극복은 물론 내면의 창조성까지도 얻게 되길 바란다.

나는 나를 얼마나 격려를 하면서 사는가. ‘직장인 사춘기’인 줄도 모른 채 내 감정과 생각은 무참히 방치하면서 살았지 않았을까. 나를 격려하자. 충분히 보상받을 자격이 있다. 격려하는 것을 박하게만 생각하면 안 된다. 자신에게 칭찬에 대한 글을 써보자. 그리고 그 글로써 음악은 완성될 수 있다. 지금 이 순간도 여전히 살아있을 뿐만 아니라 여기까지 전진해 온 것도 큰 의미를 지닌 것이다. 그 의미가 담긴 음악을 연주하고 작곡하면서 마음을 어루만져야 한다. 당신은 이 세상에 의미 있는 사람이며 음악은 항상 당신 편이다.

음악으로 노화를 늦추게 한다

가심비란, 가격대비 마음의 만족을 추구하는 소비형태를 뜻하는 말이다. 가격 대비 성능을 뜻하는 가성비에 마음 심心을 더한 것으로 가성비는 물론이고 심리적인 만족감까지 중시하는 소비 형태를 일컫는다. 가성비의 경우 대부분 가격이 싼 쪽으로 고르는 경우가 많지만 가심비의 경우 가격 대비 조금 비싸더라도 안정감과 행복감을 얻을 수 있는 것을 고른다.

현재의 우리는 가심비에 따라 소비하는 시대에 살고 있다. 가심비를 중시하는 사람들이 많아지며 저렴한 비용으로 취미생활을 즐길 수 있는 코인 노래방이 많은 인기를 얻고 있는 것이 그 예이다. 또한 수많은 인형뽑기 가게들이 곳곳에 생겨나며 너도나도 인형뽑기에 꽂혀 있기도 했다.

하지만 음악은 이보다도 더한 최고의 가심비로 노화를 늦추게 할 수도 있다.

노화는 시간이 흐름에 따라 생물의 신체기능이 퇴화하는 현상이다. 누구나 노화는 일어나며 피할 수 있는 사람은 아무도 없다. 중국의 진시황도 불로초를 찾아 헤맸지만 결국 죽음을 맞이했고, 신이라 칭해졌던 이집트의 수많은 파라오조차 피라미드에 안치됐다. 세포의 노화는 세포가 분열할 수 있는 능력을 잃어버리는 것으로 나타난다. 노화는 일반적으로 스트레스에 대처하는 능력이 감소하고 몸의 세포의 질이 떨어지며 질병에 걸리는 위험이 증가하는 것이 특징이다.

우리나라도 노화방지를 위해 음식부터 화장품까지 전국 방방곡곡 난리였다. 좁게는 노화방지를 뜻하고 넓게는 노화방지용 화장품이라는 의미로 사용되는 안티에이징Anti-aging이 붙은 화장품은 전 세계적으로 불티나게 팔렸다. 갖가지 건강정보는 노화방지를 위한 여러 가지 시술을 광고하는 하나의 창구가 되었고 음식을 비롯한 채소나 과일도 마찬가지였다.

이 모든 것은 나이가 들면서 몸의 기능은 떨어지고 뇌의 기능 또한 노화된다고 생각되어 왔기 때문이다. 하지만 뇌영상 기술의 발달로 최근 기존의 생각을 뒤집은 연구결과가 나타났다. 그것은 뇌가 인생 후반기에도 계속 성장한다는 점이다. 우리가 끊임없이 기존의 지식과 기술을 배우고 창조적인 활동들을 꾸준히 한다면 뇌 속의 신경연결은 계속 강화되며 새로운 연결까지 일어날 수 있다.

조지워싱턴대학교의 노화 및 인류건강 연구소 소장을 지낸 진 코헨 박사의 『MATURE MIND 장 노년기 두뇌를 새롭게 하는 8가지 방법』에서 놀라운 사실들을 과학적인 증거를 통해 제시하고 있다. 인간의 두뇌는 나이가 들수록 기능이 향상될 뿐만 아니라 노년기에도 아주 풍부한 잠재적 가능성과 삶의 만족을 만들어 낼 수 있다는 것이다. 그는 성인기 내내 창조력과 뇌의 기능이 상당히 증진된다고 밝혔다. 50대 이후에도 마찬가지다. 이 시기의 뇌는 젊었을 때 잘 쓰지 않던 영역을 사용하며, 수년간 축적된 경험으로 특정 유전자를 활성화시켜 새로운 뇌의 모습으로 탈바꿈한다고 한다. 기초체력이 좋고 치매나 파킨슨병을 앓지 않는 사람이라면 뇌의 정보처리중추의 밀도는 60~70대에 가장 높다고 주장하고 있다.

노년의 성숙한 뇌는 젊은 뇌의 노화가 된 모습이 아니라 다른 기능으로써 변모한 것으로 성숙한 뇌 나름의 고유한 장점이 있다는 사실이 연구를 통해 밝혀졌다. 많은 사람이 중장년이 되었을 때 한층 발달한 지적 능력을 보인다. 그것은 단순 암기력이나 수학능력으로 보이는 것이 아니라 서로 다른 관점을 종합할 줄 알고, 상반되는 생각을 판단과정 없이 동시에 포용할 수 있는 장점을 갖는다. 또한 갖가지의 많은 상황으로부터 느껴지는 수많은 경험들로 인해 세부정보와 개인경험을 끌어들이지 않고도 전체 상황을 이해할 수 있다.

이 능력은 진 코헨 박사가 제시한 '인생 후반기 발전 4단계'를 달성하기 위한 토대다. 첫째 우리 삶을 재평가하고 되돌아본다. 둘째 "지금 아니면 언제?"라는 마음으로 새로운 것을 시도하려는 희망과 자유를 경험한다. 셋째 오랜 세월에 걸쳐 배운 것을 통합해 그 지식을 다른 사람들과 나눈다. 마지막으로, 인생의 진리와 대전제를 자기 스스로 다시 찾아내 긍정한다.

이 목표를 성취하고 계속해서 뇌 기능을 활성화시키려면 다음의 문구를 기억해야 한다.

"사용하라, 그렇지 않으면 잃으리라."

이 말은 몸과 마음 모두에 적용된다. 뇌와 몸을 꾸준히 단련하기 위해 도전적인 레저 활동을 즐기거나 자신이 도전하는 새로운 기술을 익히면 자신이 속한 사회의 구성원들과 강한 유대를 맺을 수 있다. 그리고 더욱 나아가 우리의 뇌는 나이가 들수록 좋아질 것이며 우리의 삶 또한 더 풍성하고 다양해질 것이다. 그렇기 때문에 가장 친숙하면서도 새로운 분야인 음악이라는 분야를 개척하면 성숙한 뇌에게 더 좋은 영향을 줄 수 있다. 그러므로 음악은 뇌를 더욱 활성화시켜 줄 수 있는 좋은 방법이다. 그리고 음악은 최고의 가성비와 가심비 모두를 충족시켜 노화를 방지할 수 있다.

음악은 중장년층에게는 훨씬 더 큰 이로운 영향을 줄 수 있다. 자연의 소리를 듣거나 편안한 음악을 들었을 때 스트레스가 낮아지고 면역력이 높아지는 효과가 30대에게는 그냥 '기분이 좋아진다.' 정도겠지만 그 이상의 연령대에는 이런 변화가 수명에 영향을 줄 정도로 중요한 것이다. 마찬가지로 학생들이 운동할 때 음악을 들으면 움직임에 도움이 된다고 이해하는 수준이지만, 중장년층은 신체조화를 유지하고 갑작스런 건강악화를 방지한다. 그리고 특정 뇌 기능 퇴화를 지연할 목적으로 태극권, 에어로빅, 자전거, 댄스를 음악과 함께 활동한다면 더욱 좋은 효과를 얻을 수 있다.

관절염으로 고생하는 어른들이 몇 달간 헤드폰이나 스피커로 세계 공식 스트레스 해소제인 클래식이나 편안한 음악을 매일 듣는다면 약값과 부작용 걱정 없이도 관절염 증상이나 몸에 오는 고통을 상당히 줄일 수 있다는 사실을 쉽게 느낄 수 있게 될 것이다. 고관절 치환술을 받은 환자의 경우 수술 후 자신이 좋아하는 음악을 들으면 회복속도도 빨라질 수 있다. 혈액순환이 잘되지 않거나 근육경직, 만성질환, 불면증, 화학요법에 의한 메스꺼움에 시달리는 장년층은 진동음향 치료의 체내마사지가 효과적이다.

일단 녹음기를 키고 누워보자. 그리고 눈을 감고 편안하게 신음소리를 내기 시작해보자. 가능한 깊은 소리를 내고 소리가 목구멍에서 나오도록 하는데, 깊은 소리를 낼수록 좋지만 쥐어짜서 소리를 내지 않도록 한다. 신음소리를 내는 이유는 모든 긴장을 몸 밖으로 내보내도록 하고, 이것이 즐겁고 힘들지 않은 경험이 되도록 하기 위해서이다. 계속해서 신음소리를 내보자. 첫 번째 신음소리는 10대의 학창시절을 타고 흘러가는 신음소리고, 두 번째 신음소리는 20대의 파란만장했던 삶에 대한 신음소리이다. 그리고 세 번째 신음소리는 30대의 치열했던 삶에 대한 신음소리이다. 이윽고 음의 높낮이가 자연스럽게 만들어질 것이다. 지났던 삶이 분노했을 때는 더욱 깊고 낮으면서 위로 급격하게 떨 것이고 슬펐을 때는 낮은 흐느낌 같은 신음소리로 음률을 만들어보자. 특정단어를 입 밖에 내려고 의식적으로 노력하지 않아도 된다. 하지만 점점 자신이 좋아하는 음을 개발하게 되며 이 소리에 만족할 것이다.

이것이 자신의 음악이다. 이 멜로디는 앞으로 자신이 만들게 될 음악에 좋은 소스가 될 것이다. 신음소리를 내는 동안 무거운 짐이 하나씩 덜어지는 것을 느낄 것이다. 바로 심리적인 불안과 중압감이 덜어지는 것이다. 이것이 빠져나가면 한결 가벼워진 마음이 가득 찰 것이고 스트레스가 줄어들었을 것이다.

노화를 낮추는 가장 좋은 방법은 스트레스를 줄이는 것이다. 좋아하는 음악을 듣기만 해도 노화방지에 효과적이다. 그리고 인터넷이 빠르고 자유로운 우리나라에서 음악 듣기는 그렇게 돈이 들지 않는다. 악기를 연주하거나 작곡을 하기 위해 배우는 것도 마찬가지이다. 인터넷에 수많은 자료가 있기 때문에 마음만 먹으면 무료로도 배우는 것이 가능하다. 그래도 선생님이 필요하다면 집 앞 상가에 피아노 학원부터 실용음악학원까지 도처에 깔려 있다. 이렇게 우리는 음악이 쉽게 노출되고 가성비까지 따져가며 가심비를 만족시킬 수 있는 세상에 살고 있는 것이다. 음악을 통해서 노화를 방지한다면 최저의 임금으로 최고의 효과를 낼 수 있다.

🎧 아메리카노 – 10cm

죽기 전에 한 곡은 작곡해보고야 말겠어!

연예인들이 악플보다 더 무서워하는 것이 있다. 그것은 바로 무플이다. 악성댓글에 소송도 불사하며 무서워하지만 그것보다 사람들에게 잊혀져 가는 그 시간을 더 두려워한다.

인간의 삶은 유한하다. 우리는 모두 유한하고 나약하며 시간이 지나면 서서히 잊혀져 간다. 우리는 살아가면서 미움받는 것보다 잊혀지는 것이 더 두려운 존재들이다. 본능적으로 느껴지는 이런 감정은 죽음에 대한 공포와 연관 지을 수 있다. 사람들은 죽을지라도 잊혀지지 않기를 원한다. 육신의 불멸은 불가능하지만 음악을 한다면 정신과 이름은 불멸할 수 있다.

인간에게 이름을 남긴다는 것은 어떤 의미일까. 타인에게 잊혀지지 않기 위해 우리는 결혼하고 자손을 남긴다. 그리고 유명 명소에 있는 돌 같은 무생물에서부터 나무, 선인장 같은 식물까지 온갖 것에 자기의 이름을 남긴다. 이것은 타인에게 잊혀지지 않으려는 인간 본질적인 몸부림일지도 모른다.

위대한 위인이 남긴 이름과 정신은 위인전에서부터 각종 매체, 자손 대대로 그 위상을 이어나가며 자손에게 높은 명예와 긍지를 준다. 하지만 이름이 간신, 매국노 등으로 남을 경우 그 후손들은 수치스러움과 부끄러움의 마음을 가지고 평생을 살아가는 것이다. '호랑이는 죽어서 가죽을 남기고 사람은 죽어서 이름을 남긴다'는 우리나라 속담은 괜히 존재하는 것이 아니다.

그중에 예술을 남기고 간 예술가는 죽어서도 명예를 얻는 영화로운 이름을 얻는다. 음악이라는 죽기 전에 남긴 무형의 예술품이 죽고 난 후에도 무형의 문화재로 이 세상이 끝날 때까지 남아있는 것이다. 불후의 명작을 남기고 불멸의 이름을 얻은 예술가는 많이 있지만 그중에서 베토벤이 나에게 특별한 것은 청각의 장애를 가지고, 흔히 귀머거리라고 하는 병에 걸렸으면서도 '3번 영웅 교향곡', '4번 교향곡', '5번 운명 교향곡', '6번 전원 교향곡', '9번 합창 교향곡', 피아노소나타 '발트슈타인'과 '열정', '피아노협주곡 황제' 같은 지금도 사랑받고 있는 명작들을 작곡했기 때문이다.

특히 〈운명 교향곡〉을 작곡할 때는 "나는 나의 운명의 목을 비틀어 버리고야 말겠다"라는 결연한 의지로 대작을 작곡할 수 있었던 것이다. 운명 교향곡의 구상과 완성까지 근 5년의 시간이 걸렸는데, 그 긴 시간 동안 베토벤은 자신의 비극적 운명과 청각 장애라는 시련을 극복하고 인생 승리를 쟁취하는 불멸의 힘을 이 세상에 남긴 것이다.

반드시 베토벤과 같은 대작을 남겨야만 불멸의 이름을 얻는 것은 아니다. 우리의 시대는 인터넷이라는 큰 울타리 속에서 살고 있다. 그리고 당신의 자작곡을 온라인상에 남겨 놓는다면 인터넷이 계속 존재하는 한 그 이름은 남아있는 것이다. 베토벤도 자신의 이름을 잊지 말아달라는 유서를 남겼다. 그렇다면 당신은 죽어서도 사라지지 않은 유서를 어떻게 남길 것인가.

당신은 버킷리스트를 갖고 있는가? 그리고 그것을 실현시키고 있는가. 버킷리스트 중 죽기 전 한 곡은 작곡해보고야 말겠다는 버킷리스트를 가져보는 것은 어떨까. '음악 듣기가 취미예요' 하는 수동적인 행동뿐만 아니라 '작곡'이라는 능동적인 자세로 음악에 달려든다면 허허벌판 같은 삭막한 인생 위에 열정을 불어넣을 수 있을 것이다. 돈으로도 사지 못하는 고귀한 가치. 바로 예술, 음악이다. 예술을 한다는 것은 불타오르는 인생을 사는 것과 같다. 그리고 그 음악을 완성하는 것은 작곡이다.

1985년 코넬대학교에서 철학과 2학년 학생 중 35명의 학생들에게 버킷리스트 조사하였다. 그중 오직 각자 마음속에 목표를 진지하게 서술한 학생들은 17명 정도였다. 그리고 2000년 32명의 소재를 파악했다. 3명은 사망했으며 살아있는 29명 중 사회지도자급 위치에 오른 사람은 18명으로, 버킷리스트를 성실하게 작성했던 사람이 16명이나 됐다. 이 연구에서 버킷리스트에 대한 가치를 보여준다. 곧 버킷리스트를 갖고 있다면 그만큼 인생을 진지하게 임하고 있으며 목표를 가지고 전진하기 때문에 어려움에도 쉽게 흔들리지 않는다. 버킷리스트를 쓴 사회지도자급 위치의 18명도 버킷리스트를 이루기 위해 무던히도 애를 쓰며 달려갔을 것이다.

버킷리스트를 쓰는 건 그리 쉽지 않다. 아주 신중하게 써야 한다. 내가 곧 죽을 거다. 그 전에 해야 할 일을 생각해보자는 각오로 써야 한다. 인생은 유한하다. 유한하기 때문에 한정된 시간 안에서 한정된 꿈을 가질 수밖에 없다. 그 안에서 음악이라는 버킷리스트를 실현하기까지 내가 해야 할 방법에 대해서도 고민해보자.

다음 웹툰에서 〈나빌레라〉라는 웹툰이 있다. 〈은밀하게 위대하게〉라는 웹툰을 그린 Hun 작가가 연재하는 웹툰이다. 나이 일흔에 발레라는 새로운 도전을 하는 심덕출 어르신의 이야기가 시작된다. 많은 명대사들을 남겼지만 그중에 꼽는다면 "자넨 지금 최고의 시기를 살고 있어. 고민이 된다는 건 행복한 거야. 고민조차 못하게 되는 늙음이 찾아오면 지금 고민하고 망설인 걸 너무 많이 후회하게 될 텐데… 그래도 괜찮겠어?"라는 말이 나온다. 주인공은 일흔의 나이에 주변 모든 사람들의 반대에도 불구하고 치매에도 맞서 싸우며 결국 발레공연을 완벽하게 해낸다. 악조건 속에서도 자신의 꿈을 이룬 것이다.

당신에게 이 말들이 울림이 있다면 당장 행복을 위해 실천하자. 시간은 기다려 주지 않는다. 이 글을 읽는 이 순간에도, 고민을 하는 이 순간에도 시간은 계속 흐른다. 인디밴드 10cm의 〈아메리카노〉라는 노래를 들어 본다면 더욱 쉽게 느낄 수 있는데 일상의 일들을 그대로 가사로 쓴 것이다. 주변의 평범한 일상들을 충분히 노래로 만들 수 있다. 그 외 인디밴드 음악들 및 많은 음악들 속에서 평범한 삶을 이야기하는 가사들이 많은 것을 찾을 수 있다.

작곡이라는 것은 어렵지 않다. 오히려 어려운 것은 하고자 할 때 하지 못하는 때를 맞이하게 된 순간이다. 작곡을 하고 음악을 남긴다는 것은 내 이름을 이 세상 끝날 때까지 남겨놓는 일이 될 것이다. 그 위에 직장에서건 가정에서건 무너졌던 자존감이 음악을 통해 세워진다.

누구나 즐길 수 있는

음악을 통한 워라밸

PART 02

일과 삶의 조화로운 균형, 워라밸 트렌드

야근으로 마감했던 삶,
이제는 나를 위한 시간으로!

큰 프로젝트나 시험을 끝내고 자신을 위해 어떤 방법으로 보상하는가? 요즘 시대는 나를 위해 보상하는 사람들이 늘어나고 있다. 가령 큰 프로젝트를 위해 밤낮으로 야근한 후 그 프로젝트가 끝났을 때 충전을 위해서 잠깐 여행을 떠나거나, 비싼 명품을 사거나, 먹고 싶었던 음식을 먹는 등 오롯이 자신을 위해 보상하는 사람들이 늘어나는 추세이다.

그것은 지금까지 일과 돈만을 평생의 가장 큰 가치로 두고 살아왔을 지난 삶에 대한 공허함이 아닐까. 하지만 이제는 야근을 벗어나 고단했던 삶을 보상받아야 마땅하다.

당신을 위해서 어떠한 보상을 생각해본 적은 있는가. 우리는 그 전에 스스로에 대해서 얼마나 알고 있는지, 그리고 스스로를 위해주고 생각해주며 격려했던 적이 있는지 돌아봐야 한다.

'월급보다 워라밸'이라는 말이 있다. 저녁이 있는 삶. 직장인들의 로망이자 요즘 한국 사회의 새로운 관심사를 드러내는 말이다. 최근 직장인 사이에 돈보단 삶의 질이 중요하다고 여겨지는 '워라밸Work and Life Balance'은 일과 삶의 균형을 의미한다. 회사가 근로자의 워라밸을 지켜준다면 더할 나위 없이 좋겠지만 당장 회사의 문화를 바꿀 수 없는 현실에서 '퇴근 후 일상'을 통해 삶의 질을 회복하려는 직장인이 늘고 있다.

회사근무시간이 끝나고 퇴근을 한 후 소모임이나 동아리 활동 같은 취미를 공유하는 사람들이 모이고 서로 만나다 보면 서로 자극도 되고 관심사가 비슷해서 금방 친해진다. 새로운 인맥을 만나기 어려운 건조한 회사를 벗어나 나의 취미를 통해서 새로운 인맥이 만들어지는 것이다. 그렇게 친목, 취미, 그리고 자기계발을 위해 소모임을 찾는 직장인이 점점 늘어나고 있는 추세이다. 업무 스트레스에 지친 이들은 취미를 나누며 서로를 공감하고 새로운 사람과 친분을 쌓을 수 있다는 기대감에 모임을 만든다.

과거 소모임이나 동호회를 찾는 것이 인터넷 포털 카페 등을 통해 이루어졌다면 요즘에는 SNS사회관계망서비스나 애플리케이션

앱 등을 통해 쉽게 찾아볼 수 있다. 새로운 인연이 연인으로 발전하는 경우도 많고 삭막했던 삶 속에서 활력소를 불어넣을 수도 있다. 이러한 취미 활동 중 특히 음악은 인간의 감정을 건드리는 가장 큰 예술로 사랑을 노래하며 사랑을 찾기에 더할 나위 없다.

모임을 찾고 새로운 관계맺기가 부담스럽다면 온라인 상으로도 친목도모는 충분히 할 수 있다. 더군다나 최근에는 SNS와 블로그, 유튜브, 사운드 클라우드 같은 소셜 네트워크를 통해 세계 속의 일상이 더욱 가까워졌다. 전업작곡가가 아닌 사람들 중에는 사운드 클라우드나 유튜브에 자신의 자작곡을 올리는 사람이 있다. 특히 스마트폰이 등장한 이후 음악에 관련된 친숙한 앱을 통해 누구나 작곡할 수 있는 시대가 되었다. 그만큼 환경이 무척 다양하고 좋아졌다는 뜻이다. 여기서 말하는 앱에 대해서는 다음 장에서 설명을 이어갈 것이다.

음악을 즐긴다는 느낌을 받은 적이 있다면 이미 음악세계에 한 발자국 들어온 셈이다. 사람은 즐거움을 느낄 때 시간 가는 줄도 모르고 지칠 줄 모르는 지구력이 생긴다. 즐거움을 바탕으로 하고 있기 때문에 그에 따른 영감이 끊임없이 생기며 열정과 동기부여 수준이 높아지는 것이다. 내가 근무시간에 회사의 일을 처리하는 과정을 생각해보자. 목표를 달성할 생각만 할 뿐,

과정을 즐기고 있는가. 잠시도 눈을 뗄 수 없는 연애소설을 읽을 때와 신문논평을 읽을 때의 차이와 같은 것이다. 그 활력은 내 삶을 지탱해주는 또 다른 이유가 될 수 있다. 어차피 읽어야 할 신문논평이라면 그것에 집중을 하되 그 후 연애 소설을 읽으며 나의 활력을 되찾으면 되는 것이다.

영국의 심리학자 로스웰Rothwell은 '행복지수 공식'을 만들었다. 그 7가지 조건 중 '흥미와 취미를 추구할 것'을 두 번째로 꼽았다. 그만큼 나를 행복하게 하기 위해서는 흥미와 취미를 내 삶 속에 적절하게 배치해야 한다는 것이다.

통계청이 행복한 대한민국을 저해하는 5가지 결핍 요소 중 취미 개발의 부족이 순위로 꼽혔다. 일반인의 5%만이 하루 10분 이상 취미 생활을 즐긴다는 것이다. 이것은 일본의 50~60대 아줌마들이 취미 생활 비용으로 1인당 연평균 156만 2천엔2,100만원을 지출한다는 니혼게이자이 신문이 발표한 설문조사와는 대조적인 결과다. 이렇게 우리는 먹고 살기에 바빠서 정작 나의 감성의 양식에는 무딘 팍팍한 삶을 살고 있는 것이다.

그렇다면 이제는 당신을 위한 시간을 하루에 얼마나 쓰고 있는지 생각해보자. 아마 대부분 5%에도 들지 못하는 삶을 살고 있는지도 모르겠다. 퇴근 후 일상에서 '음악'을 통해 삶의 질을 회복하며 일상이 즐거워지고 내 삶을 사랑할 수 있도록 당신을 위한 시간을 늘려라. 하루에 밥 3끼를 제때 먹는다고 잘 사는 것이 아니다. 내가 행복하게 살고 있어야 제대로 살고 있다고 외칠 수 있다. 음악으로 나를 위한 삶을 살아보자.

🎧 건들지마 – Tycoon

직장에서의 스트레스를 음악으로 푼다

오늘도 직장에서는 쉽지 않았을 것이다. 매일 출근해서 이제는 익숙해져야 할 감정은 좀처럼 익숙해지지 않고 나를 누르는 습관만 늘어났다. 보기도 싫고, 듣기도 싫으며, 말하기도 싫은 직장생활은 삼불원일 것이다. 그러나 여기에서 중요한 것은 내가 변하지 않으면 남들은 변하지 않는다는 것이다. 약점을 잡혀 끌려다니고 있다는 생각이 든다면 약점을 보강하고, 사람을 무서워하지 않고 긍정적으로 생활할 수 있도록 자신의 마인드부터 바꿔야 한다.

그리고 무엇보다 나를 사랑하고 나를 위한 여유로운 시간을 가져야 한다. 긍정적인 마음과 그 마음을 유지시킬 수 있는 여가시간. 곧 워라밸은 삶에 있어서 필수적인 요소가 될 것이다.

워라밸의 삶을 산다면 점점 일에 지쳐가는 주변의 친구들과는 달리 당신의 얼굴에 생기가 돌 것이다. 나를 위한 시간으로 새로운 것에 대한 도전은 그만큼 강한 원동력을 선사한다.

시간은 기다려 주지 않는다. 이래저래 닳아 부지불식간에 지나가고 있는 인생을 누구나 살고 있다. 숨 막히고 우울한 경쟁사회를 견뎌내어 살아가기 위해서 자기 생활의 숨구멍을 찾아 열어주는 것이 무엇보다 필요하다.

그렇다면 그런 방법은 어떠한 방법이 있을까. 나는 랩을 써보는 것을 권한다. 음악의 선율들도 중요하지만 강한 비트에 몸을 싣고 나의 마음의 응어리진 부분을 랩 가사로 만들어 보는 것은 현재 상황을 이해하고 타계할 방법을 찾기에 좋은 방법이 될 것이다.

랩은 유달리 점잖은 성향에 반기를 들려는 경향이 있다. 그러나 랩은 결국 길거리 언어로써 탄생한 우리들의 이야기가 모태를 이루는 예술의 한 형태이다. 힙합 역사학자인 윌리엄 젤라니 콥은 랩을 "쓸모없는 인간의 소외된 표현"이라고 말하고 있다. 그러므로 랩은 서민들이 사용되어온 관습적 표현들이 모여서 만들어졌다고 볼 수 있다. 또한 모든 시인은 자신이 주변에서 관찰하는 것으로부터 자신만의 언어를 창조한다고도 한다. 즉, 관찰을 통해 자신만의 언어를 창조한 모든 인간은 자신만의 언어를 구축한 또 다른 시인이 될 수 있는 것이다.

셰익스피어의 언어가 자신과 같은 부류에게 알맞지 않다고 판단한 그들은 자신의 복잡한 감정을 표현할 수 있는 고유한 언어를 재창조하게 된 것이다. 힙합은 자신들만의 복잡한 감정을 담은 새로운 언어로 구축하여 탄생되었다. 그러므로 랩은 혁명 정신을 이면에 갖고 있다. 래퍼 커먼은 "힙합엔 정말 큰 힘이 있다. 그건 정부도 막을 수 없다. 악마도 막지 못한다. 음악이고, 예술이고, 사람들의 목소리니까. 랩은 온 세상에 쓰이고 세상은 그 말을 인정한다. 그러면 세상을 바꾸는 데 도움이 된다."고 전한다. 랩은 세상을 바꾸기 위한 움직임을 담아 전파된다.

한편으론 거친 랩의 가사는 간혹 고된 현실을 실제적으로 묘사하기 위해 필요하다. '금기 표현' 또한 랩에서는 없어선 안 될 중요 요소이다. 사람들이 생활에서 실제로 쓰는 말을 필터링을 거치지 않고 날 것 그대로 갖다 쓴다. 그래서 어떤 이에게는 그 지독함이 가슴속에 와 닿아 현실 속에 녹아든다.

한국에도 주 중에는 엔지니어였다가 주말이 되면 힙합 듀오로 변신하는 이들이 있다. 현대 엔지니어링에 근무하고 있는 최 대리와 윤 대리의 이야기이다. 이들은 힙합듀오 '타이쿤TycooN'의 멤버로 이들은 스스로 래퍼Rapper와 엔지니어Engineer를 합친 래피니어Rappineer라고 소개한다. 회사 생활을 하며 곡 작업을 하는 게 쉬운 일은 아닐 것이다. 그럼에도 불구하고 두 사람은 꾸준히 연습하며 퇴근 후 밤늦게까지 곡 작업을 하는 경우도 많다고 한다. 최 대리는 "회사 생활을 하며 받은 영감들이 곡 작업에 많은 도움이 된다"며 "일과를 랩으로 풀어내다 보면 피로도 풀린다"고 말했다. 또한 최 대리는 "입사 7년 차인데도 지치지 않는 비결은 힙합 덕분인 것 같다"는 소감을 이야기했고, 윤 대리는 "나이가 들어도 힙합 비트에 몸을 실을 수 있는 젊은 감각을 유지하고 싶다"고 말했다. 이들 모두 회사와 자신의 음악이라는 두 마리 토끼를 모두 잡은 사람들이다.

일기를 쓰는가. 아니면 어디에 작게나마 메모하는 습관이 있는가. 오늘부터라도 일기를 쓰거나 메모하는 습관을 길러보자. 사소한 것이라도 좋고 특히 감정을 솔직하게 표현하면 더 좋다. 강한 말도 좋고 욕도 한번 시원스럽게 써보자. 스트레스도 풀지 않으면 계속 쌓이는 법이다. 스트레스를 없애기 위해서는 응어리를 풀어버리지 않으면 안 된다. 응어리가 모이고 모여 이야기의 소재가 되고 당신만의 음악을 만들 기초가 되어 줄 것이다. 그리고 그 일기를 그대로 랩의 비트에 맞추어 읽어보자. 랩의 비트는 자신이 좋아하는 힙합 음악의 인트로 부분을 무한 반복하여 계속 틀어 놓아도 충분히 느낄 수 있다. 그리고 그 가사를 '오토랩'이라는 어플에 사용하면 더 리얼하게 느껴진다. 지금 핸드폰에서도 쉽게 다운받을 수 있다. 이 어플은 두

가지 모드가 있는데 그냥 비트에 맞춰 랩을 녹음하는 모드와 문장을 말하면 그것을 랩으로 바꿔주는 모드가 있다. 지금 만든 가사에 맞춰서 녹음을 해보자. 꽤 그럴싸한 랩이 순식간에 만들어질 것이다.

악기를 다룰 줄 아는 것은 롤렉스를 차는 것과 같다

내 옆에 분신처럼 갖고 있고, 항상 내 손에 들려있어야 마음이 편하며, 그것이 없으면 불안증세 비슷한 느낌을 갖는 물건이 있다면 무엇이라고 생각하는가? 자신이 소유한 다양한 물건들에게 이런 증상을 보이겠지만 현대 사회에서 대체로 모든 사람에게 통하는 물건은 스마트폰일 것이다. 지금의 세상은 스마트폰 없이 성립되지 않는다.

초등학교부터 노인정까지 스마트폰이 장악하고 있다. 그렇다면 시계도, 컴퓨터도, TV도 없어도 되고 오로지 스마트폰만 갖고 있으면 되는가? 그렇기엔 세상이 그리 단순하지 않다. 스마트폰이 필수품인 사회에서도 확장되고 있는 시장이 차 한 대 값을 가볍게 넘나드는 명품시계의 시장이다. 언제나 들고 다니는 스마트폰으로 쉽게 시간을 확인할 수 있음에도 불구하고 럭셔리한 명품시계의 비중은 높아지고 있다. 그 이유는 무엇일까.

세상은 명품의 시대다. 인간에게는 무의식적으로 갖고 있는 보편적인 취향이 있다. "나는 좀 더 특별하고 싶으며 남들과 다른 무언가를 소유하고 싶다"라는 것이다.

물론 이러한 욕구들은 허세나 과소비한다는 의식을 불러일으키며 안 좋은 시선으로 바라볼 수도 있다. 하지만 '명품'이라는 것이 과연 어떠한 정신인지를 다시 한번 짚고 넘어가야 할 시점이라고 생각한다. '명품'이 名品이 되기까지 단지 가격만 부풀리며 소비시장을 조장하는 것만으로 명품이 되었을까.

명품과 비슷한 단어가 있다. 한 글자만 다르지만 우리에게 느껴지는 이미지는 확연하게 다른 그 단어는 바로 '명작'이다. 수많은 음악과 미술들, 조각들 등등 문화를 담고 있는 명작들은 지금도 추대를 받고 있다. 그렇게 명품들도 그 가치가 널리 인정되어 다른 브랜드와 차별점을 인정받아 '명품'이라는 칭호를 얻었을 것이다.

롤렉스의 재료가 특별히 비싼 것인가? 롤렉스의 재료는 스테인리스 스틸이나 18K 금을 사용하는데 다이아몬드를 시계 내부를 둘러쌓이기도 하는 값비싼 재료를 두르고 있긴 하다. 그러나 이 재료들이 금 한 돈보다 많을까? 순금 한 돈은 약 16만 원 언저리이다. 그런데 순금의 시세보다 몇 배 혹은 몇십 배가 된 가격의 나머지는 어떤 재료를 썼기에 이렇게 비싼 것일까? 원재료값이 판매금액의 반의반 정도일 텐데 명품을 사는 게 바보짓인가?

'명품시계'라는 것은 소위 시간을 알려주는 기능적인 역할만 있는 것이 아니다. 그래서 그 가치를 재료의 가격으로만 매길 수 없는 것이다. 위대한 음악가의 연주를 돈으로 환산할 수 있는가? 명품이 명품이기 위해선 그 제품을 잘 만들고 디자인하고 그 위상을 손에 넣기까지 수년 혹은 수십 년간 이어온 품질관리와 경영의 노력, 새로운 도전에 대한 투자의 부분까지 빼놓고 말할 순 없을 것이다.

그렇기 때문에 명품의 가치를 알아보고 인정하고 그 가치에 대한 대가로 명품시계를 소유하는 것이다. 내가 명품의 가치를 조금 더 깊이 받아들일 때, 명품을 명품으로서 인정하고 대우할 때, 단순한 자랑할 만한 비싼 물건이었던 그 명품이 명작으로 거듭나는 순간이다.

명품에 대한 가치를 높이 평가하는 애호가라면 남들이 보기에는 조금 과한 투자를 나의 취미에 쏟는다 하여도 우리는 그의 가치에 대한 태도를 존중할 필요가 있다고 생각한다. 명품의 가치를 인정하고 받아들임으로써 나 또한 명품이 되는 것이다.

롤렉스를 사는 이유는 악기를 연주하는 이유와 같을 수 있다. 음악에 대한 가치를 받아들이고 연주를 함으로써 명작이 되는 것이다. 그렇게 음악에 투자했을 때 당신 또한 명품이 되는 것이다.

어떤 악기든 상관없이 연주할 수 있다면 점점 더 호감이 가는 사람으로 탈바꿈한다. 업무적으로 만나는 사람들도 당신이 음악에 대한 조예가 깊고 악기를 연주한다는 것을 알게 된다면 호감을 갖고 다가올 것이다. 거의 모든 사람들의 마음속에는 음악을 잘하고 싶은 욕구가 있다. 악기를 잘 다루는 사람을 보면 부러워하며 관심을 갖게 된다. 혹시 '재능도 없고 나이도 들었으니 이미 늦은 것일까?'라는 생각을 갖고 있지 않는가?

결론적으로 확실히 이야기하지만 어느 나이에 시작했든 남은 인생에서 가장 젊을 때 음악을 시작하는 것이다. 지금 나이가 몇 살이건 분명 앞으로 많은 새로운 날들이 기다리고 있다. 그러므로 지금이라도 바로, 당장 시작하자. 음악은 평생을 함께할 만한 소중하고 훌륭한 취미이다. 악기를 자식처럼 아낄 것이고 평생 느껴 보지 못한 새로운 감각을 느낄 것이다. 그리고 이 취미는 당신을 명품으로 만들어 줄 것이다. 또한 즐기면서 하다 보면 나도 모르는 새에 명작을 만드는 명인이 될 수 있다. 호감이 가는 사람 정도에서 예술의 세계에 한 획을 긋는 사람이 될 가능성도 있는 것이다.

시계는 패션의 완성이라고 하지 않던가. 음악을 하면 럭셔리한 시계를 차는 것 같은 효과를 누릴 수 있다. 명품의 가치를 인정하고 받아들이듯이 음악의 가치를 인정하고 온몸으로 받아들이며 어떤 악기든지 가장 접근이 쉬운 악기로 연주를 시작해 본다면 당신은 명품이 될 것이다.

듣는 것만은 이제 그만, 이제는 해보자

음악이 역사상으로 언제부터 만들어졌는지와 그 이유에 대해서는 확실하지 않다. 인류가 무리생활을 하면서 음악이 종교적으로 사용하면서 만들어진 것으로 추정하고 있다. 또한 언어의 높낮이가 뚜렷해짐에 따라 만들어졌다는 설, 춤 동작에 맞추려고 만들어졌다는 설, 노동을 할 때 보조를 맞추기 위해 음악이 만들어졌다는 설 등이 있다. 이렇게 음악은 역사를 알지 못할 정도로 까마득하게 오래전부터 우리 곁에 함께 하고 있다.

그리고 현대에는 수많은 음악들이 이 세상을 휘감고 있다. 수많은 음악들이 태어나고 사라지며 여러 가지 다양한 장르로 평생 셀 수 없을 만큼 많은 음악들을 듣는다. 오늘날과 같이 음악이 보편화된 시기가 없다. 인터넷을 통해 세계 각지에서 개최되고 있는 각종 음악회와 공연들, 축제들을 실시간으로도 볼 수 있다. TV에서나 각종 미디어, 매스컴 심지어 네이버 블로그 배경음악에서도 음악을 듣는다. 길거리에서든 어디서든 이제는 각종 시간과 장소에 구애받지 않고 음악을 들을 수 있는 환경이 된 것이다. 매일 쏟아지는 수많은 곡들은 하루하루 다 들을 수도 없을 정도이다.

공연이 많아지고 공연에 대한 벽이 낮아졌다. 과거에는 음악 공연이 부유함의 상징으로 그들만의 리그를 이루었지만 지금은 누구나 볼 수 있는 공연이 된 것이다. 공연의 장르도 많이 다양해졌다. 클래식만 주를 이루는 공연에서 뮤지컬, 록 페스티벌, 인디밴드의 공연도 심심치 않게 볼 수 있다. 이것은 화면을 통해 보는 맛과 또 다르다. 직접 보게 된다면 몸을 뜨겁게 울리는 음악의 이미지들이 더욱 강렬하다.

나는 공연 보는 것을 좋아한다. 공연이 일이기 때문에 많은 장르의 공연을 가리지 않고 본다. 연극과 뮤지컬에서부터 콘서트나 오페라, 국악 공연까지도 틈만 나면 보는 것이다. 뮤지션으로 산다는 것은 하루이틀 만에 뚝딱 될 수도 있지만 짧게는 며칠을 길게는 몇 달 몇 년의 시간을 갖고 작곡을 하고 연주를 준비하는 경우가 많다.

작곡을 업으로 삼는 내 경우에는 클래식곡을 작곡하는 시간

중에 연극 공연에서 받은 영감이 곡에 묻어 나오는 경우도 있다. 또 국악을 작곡하고 있는 중에 오페라의 아이디어를 차용하는 경우도 있다. 여러 가지의 공연들이 유기적으로 나의 감성을 자극시키는 것이다. 연주회나 공연을 볼 때에도 나의 곡과 어떻게 접목시킬 수 있는지 끊임없이 생각한다. 그러면 더 다양한 작곡이 가능하다. 작곡이 막혔을 때 여러 가지 공연을 보는 것을 추천한다. 당신의 감성을 다방면으로 자극시킬 수 있다.

연주에서도 마찬가지이다. 피아노곡을 치는 경우에도 기타나 색소폰, 다른 악기들의 음색과 음감을 통해 다른 방향으로 해석할 수 있다. 또한 영화나 드라마에서 헤어지는 연인에 대한 이야기가 나오고 그 스토리에 공감할 경우, 분명 장조의 느낌을 가진 메이저 곡을 연주함에도 불구하고 쓸쓸하고 슬픈 느낌으로 연주할 수도 있을 것이다. 장조의 발랄한 곡들도 템포를 느리게 하고 거기에 나의 진한 감성까지 집어넣는다면 충분히 가능한 이야기이다.

우리는 이렇게 다양한 장르의 다양한 음악을 들으며 그 음악에 공감했을 때 깊은 감동을 받는다. 음악의 홍수 속에서 나를 세상에 드러낼 수 있는 나만의 음악세계를 만든다면 자신을 좀 더 특별하게 만들 수 있다. 그리고 음악을 듣고 대리만족을 느끼며 수동적으로 감동을 받는 자세에서 능동적으로 감동을 줄 수 있는 예술가가 될 수 있는 것이다. 오직 나만의 음악을, 이 세상에 나를 위한 단 하나뿐인 음악으로 말이다.

그래도 음악이 막연하게 생각된다면 기존의 알고 있는 곡을 편곡하는 것도 하나의 방법이다. 곡의 색깔을 내가 원하는 방향으로 재창조를 해보는 것이다. 체리필터의 〈섬 집 아기〉는 동요를 록으로 편곡한 기본적인 예시이다. 이런 식으로 장르를 무한히 바꿔서 새로운 곡으로 재탄생시킬 수 있다.

멋진 음반이라는 것은 어떤 것일까. 멋진 곡이라는 것은 어떤 것일까. 그것은 나를 위한 음악. 그리고 너만을 위한 음악. 내가 좋아하고 공감하며 감동받을 수 있는 음악이다. 대중의 취향을 저격하는 곡들도 많지만 나의 스토리로 나만의 음악을 만들어 감동을 받을 수도 있다. 대리만족을 넘어서 나만의 음악을 만들어 보자. 존재 가치는 높아질 것이고 특별해질 수 있다.

나의 음악이 나의 인격을 만든다

피타고라스는 대장간 옆을 지나다가 우연히 일꾼 다섯 명이 대장간 안에서 큰 쇠망치로 작업하는 소리를 들었다. 쇠망치들이 쇳덩이에 부딪치면서 화음을 만들어내고 있었다. 피타고라스는 대장간에서 다섯 개의 망치를 연구하여 그 무게와 비율에 따라 소리가 달라지고 일정한 음정이 만들어진다는 사실을 발견하게 되었다. 1옥타브 음정은 진동수의 비가 1 대 2였다.

이것을 기초로 완전 5도는 진동수가 2 대 3이므로 3배음은 2배음보다 완전 5도 위라는 것을 알아낼 수 있고 6배음은 3배음보다 한 옥타브 위라는 사실을 알 수 있다. 피타고라스는 이처럼 여러 음들이 이루는 조화로움을, 수학을 통해 물리적 연관성을 밝혔다. 그리고 조화와 균형이 이루어졌을 때 우리의 몸이 건강하듯이 음악도 음정의 비례가 맞을 때 이상적인 소리가 될 수 있다고 생각하였다. 망치 소리라는 물리적인 자극에서 조화, 어울림의 규칙 같은 인간 심성의 중요한 부분을 설명했다.

피타고라스의 이론 후 플라톤은 인간의 정신을 감각의 지배로부터 해방시킬 수 있다고 주장했다. 플라톤은 인간의 몸과 마음은 조화와 균형을 이루어야 하며, 신체는 체육을 통해 교육이 가능하고 인격은 음악을 통하여 교육이 가능하다고 보았다. 또한 음악이 인간의 심성과 감정에 미치는 영향이 지대하기 때문에 윤리적으로 좋은 영향을 미치는 음악이 권장되어야 한다고 주장하였다.

서양과 마찬가지로 동양에서도 음악의 덕에 대한 강조를 하고 있다. 공자는 예기 악기편에서 사람에게 있어서 존귀한 것은 '덕'이므로 이 때문에 풍속을 아름답게 꾸미는 것은 음악의 덕에 있는 것이지 음의 맛을 한껏 내는 데 있는 것은 아니라고 언급했다. 덕을 가르치기 위해 음악은 필수조건이라는 이야기이다. 즉, 바르게 음악을 가르침으로써 풍속이 아름다워지고 사람이 변화될 수 있다고 생각했다.

동서양의 철학을 들여다보면 볼수록 음악은 인간의 인격에 지대한 영향을 미치는 것을 알 수 있다. 한국의 교육인적자원부 교육 과정7차 교육 과정, 1997.3.1.을 살펴보면 "학생의 음악적 잠재력과 창의성을 개발하고, 음악을 통하여 자신의 감정과 생각을 표현하도록 하며, 삶의 질을 높이고 전인적인 인간이 되도록 하는 데 그 목적이 있다."라고 명시함으로써 음악을 통해 전인적인 인간 육성함을 중요하게 생각하고 있다.

그렇기 때문에 우리는 훌륭한 음악 문화를 향유하고 그 음악 문화를 후세에 전해 주어야 한다. 그렇다면 현재 우리의 위치는 어디에 있을까. 음악을 어디까지 사용하고 있을까. 우리는 불과 얼마 전 경제적으로 어려웠던 시절을 잊은 채 경제 부국에서 행해지는 것과 같은 문화를 향유하려 한다. 하지만 여기서 문제가 발생한다. 경제적 수준이 기하급수적으로 늘었던 반면 문화적 수준이 그에 미치지 못했기 때문이다. 우리는 경제의 발전만큼 문화의 발전에 대응하지 못한 과거를 살아왔다. 어떻게 풍요로운 문화생활을 즐기는지 알지 못한 채 커버린 사회에서 지금의 우리가 문화 향유층으로서의 책임을 갖고 후세에 물려주어야 한다.

공자는 지도자를 위한 음악의 중요성을 강조함으로써 군, 신, 민, 사, 물의 다섯 가지 관계를 통해 설명하고 있다. "무릇 음은 사람의 마음에서 섬기는 것이고, 악은 군, 신, 민, 사, 물의 이치가 통하는 것이다. 그러므로 소리만을 알아 오음의 화변을 알지 못하는 자는 금수이다. 음을 알고 악의 대체 원리를 모르는 것은 중서이다."라고 했다. 지도자의 덕목으로 음악은 필수조건이라는 이야기이다.

음악은 정신세계를 자연스럽게 변화시킬 수 있는 능력이 있다. 하지만 이 사회에서 음악의 비중은 사회적 현실에서 매우 빈약한 수준이라는 것은 누구나 반박할 수 없을 것이다. 나를 위해 음악으로 인격을 수양하는 것에 대해 충분히 인식하면서도 현실적인 문제에 부딪쳐 뒷전으로 미룰 때가 많았을 것이다.

일찍이 이런 문제를 플라톤이 경험했다고 추측된다. 플라톤은 음악이 인간을 직접적으로 모방하고, 모방시킨다는 관념 아래, 선한 음악을 들으면 그 품성을 선하게 하며 악한 음악을 들으면 악하게 한다는 이론을 내세웠다.

인간이 만들어 놓은 눈부신 발전이 때때로 양날의 검이 되어 작용한다. 4차 산업혁명과 함께 다가오는 생활은 인간에게 편리함과 안락함을 주며 새로운 유토피아를 꿈꾼다. 하지만 기계에게 일자리를 뺏기며 소비만 하게 됨으로써 사람들이 무능력해지는 폐해를 줄 수도 있을 것이다. 혹시 자동차 공장을 탐방한 적이 있다면 더 이해가 빠를 것이다. 자동화, 규격화로 인해 사람은 나사와 같은 역할을 하게 되고 자칫하면 인간성을 소멸시킬 수도 있다. 기계 앞에서 일하는 사람은 결국 그 기계에 맞춰질 수밖에 없는 것이다.

그러므로 인간의 이상적 완성 이전에 먼저 인간의 아름다움, 자유스러움, 갖가지 느끼는 감정을 음악을 통해 표현함으로써 인간성을 회복하도록 도와주어야 하고, 이를 통해 전인적인 인간을 육성하며 실현해야 한다. 이로써 작곡은 인격의 품격을 높여주며 이를 통해 문화생활을 즐기는 향유층으로서 살아갈 수 있다.

은퇴를 위한 나만의 음악

많은 급류와 시대의 소용돌이 속에서 부단히 노력해온 당신이 아닌가? 민주화의 투쟁을 겪고 산업혁명에서부터 정보혁명까지, 세대와 세대 간의 통로 역할로 끊임없이 질주해왔다. 그리고 이제 그 질주를 멈추고 은퇴를 결정하는 시기가 왔다면 이제 스스로를 격려해줄 수 있어야 한다.

부단히 노력했던 삶을 표현하는 음악들은 우리들의 삶에 감동을 준다. 싸이의 〈아버지〉라는 곡을 소개한다. 음악은 밝고 경쾌하지만 가사는 지금까지 살아왔던 아버지들의 삶을 표현해 놓았다. 자이언티의 〈양화대교〉와 함께 음악을 들어 보고 가사를 음미해 보길 바란다.

YO~ 너무 앞만 보며 살아오셨네
어느새 자식들 머리 커서 말도 안 듣네
한평생 처자식 밥그릇에 청춘 걸고
새끼들 사진 보며 한 푼이라도 더 벌고
눈물 먹고 목숨 걸고 힘들어도 털고 일어나
이러다 쓰러지면 어쩌나
아빠는 슈퍼맨이야 얘들아 걱정 마
위에서 짓눌러도 티 낼 수도 없고
아래에서 치고 올라와도 피할 수 없네
무섭네 세상 도망가고 싶네
젠장 그래도 참고 있네 맨날
아무것도 모른 채 내 품에서 뒹굴거리는
새끼들의 장난 때문에 나는 산다
힘들어도 간다 여보 애들아 아빠 출근한다

– 싸이 〈아버지〉 中에서

나의 삶을 음악으로 표현하는 것은 곧 문화적 주체가 되는 것이다. 지금까지 살면서 주체로서 산 경험이 있다면 행복한 삶을 산 것이다. 대부분의 삶은 주체적으로 살기보다는 수동적으로 살았던 순간이 더 많았을 것이다. 당신을 격려하면서, 이 곡에 이입되는 당신을 바라보며 당신에 대해서 쓴 가사들을 만들어 보는 순간, 문화적 주체로서의 삶을 사는 초입의 단계에 접어들었다.

문화적 주체가 되기 위해서는 자신의 선택, 추억, 취향들을 스스로 객관적으로 바라보려는 의지를 길러야 한다. 다른 사람이 "왜 그런 곡을 쓰고 싶었어?" 라고 물었을 때 "그냥! 갑자기 생각나서"라는 대답은 자신에게 솔직하지 못한 모습을 보이는 것이다. 나에게도 당당한 사람이 되도록 하자.

은퇴자들 대부분은 부단히 일해 온 그 습관들에서 벗어나 자유롭게 살 수 있기를 꿈꾼다. 아마 펑펑 놀면서 즐겁게 살 것이라는 기대감이 있을 수 있다. 퇴직 후 몇 개월은 배우자와 함께 해외여행도 다녀오고 충분히 휴식을 취하며 그림 같은 삶을 살고 있다고 생각할 수도 있다. 하지만 휴식의 시간이 길어지면 무력감, 공허함이 밀려오기 시작한다. 그것은 '논다는 것'으로 채워지는 것이 아니다.

항상 생산적인 일을 해왔고 당신의 가장 많은 부분을 '일'이라는 것으로 채워 왔다. 이것들을 하루아침에 지워질 수 없는 관성 같은 것이 된 것이다.

일을 계속하면 사람들은 늙지 않는다. 아니 육체적으로는 시간이 감에 따라 어쩔 수 없는 것이지만 정신적으로는 늙지 않는다. 뮤지션들은 은퇴라는 개념이 존재하지 않는다. 왜냐하면 음악인들에게 음악은 삶이고 생명이기 때문이다. '은퇴'한다는 것은 곧 내가 죽기 시작한다는 말과 다름이 없기 때문에 항상 음악을 하는 음악인들은 그런 개념 자체를 갖고 있지 않다. 일을 하면서 몰입도에 따라 시간이 빠르게 지나가 있고 전혀 따분하다고 느껴본 적이 없는 사람이라면 결코 늙지 않는다. 그러므로 음악을 하는 사람은 은퇴란 없다. 직장에서는 은퇴했더라도 음악 취미를 갖고 음악시장에 뛰어든다면 평생 다니는 직장을 얻는 것과 진배없는 것이다.

피아니스트 백건우 씨를 소개한다. 아마 클래식에 관심이 있다면 백건우 씨에 대한 소식을 여러 번 접했을 것이다. 2017년 9월 1일부터 8일까지 예술의 전당에서 진행되었던 백건우 베토벤 소나타 전곡 연주는 온 세계의 화제였다.

세계적으로도 베토벤 피아노 소나타 전곡 연주를 2번이나 하는 피아니스트는 많지 않거니와 2007년에 이어 이번이 두 번째인데 백건우 씨의 나이는 46년생으로 매우 고령이시기 때문이다. 이처럼 많은 음악가들이 교수로는 은퇴하시더라도 음악세상에서는 현역으로 활동하시는 분들이 많다. 음악에 나이는 상관없는 것이다.

당신이 작곡하고 있을 때, 갑자기 번뜩이는 영감이 떠오르는 순간 느끼는 흥분은 이루 다 말할 수 없다. 또한 악기를 연주하고 그 음악을 해석할 때, 자신의 기분과 감성이 혼연일치가 되는 즐거움을 다른 곳에서 느끼기란 쉽지 않을 것이다. 이런 공감은 점점 충만해져서 하늘을 날 것 같은 기분이 들 수도 있고, 자신감이 충만해져서 내가 들려주는 모든 지인들이 나를 축복해 주는 것 같은, 원하는 것은 무엇이든 이룰 수 있을 것 같은 자신감을 가질 수 있다. 가치 있는 일에 흥미를 느끼고 매일 살아간다는 것은 은퇴의 무기력증을 치료하는 최고의 약이다. 음악을 통해서 새로 태어나고 새롭게 시작할 수 있다.

Beethoven Symphony No.7 – Karajan / 바람이 분다 – 이소라

음악, 감성 가득한 전달력, 말보다도 유창한

엘리자베스 2세 여왕의 아버지인 말더듬이 왕 조지 6세와 언어 치료사 라이오넬 로그의 실화를 바탕으로 만든 영화, 바로 〈킹스 스피치〉이다. 이 영화는 2011년에 아카데미 작품상, 감독상, 남우 주연상 등 여러 부문에서 수상했다.

괴짜 언어치료사 라이오넬 로그는 음악의 리듬과 박자를 이용하여 말 더듬는 병을 고치는데 조지 6세가 2차 세계대전으로 인해 힘들어하는 영국 국민에게 연설할 때 로그가 음악 지휘를 하는 듯한 모습을 담는다. 마음을 나눈 라이오넬 로그의 진심과 함께 음악을 통한 효과적인 언어 치료 방법으로 조지 6세는 말더듬이에서 리더십을 갖춘 왕으로 거듭난다.

처음 베토벤 교향곡 7번 2악장의 선율이 잔잔히 흐를 때부터

조지 6세의 떨림 증상은 시작된다. 불안한 표정과 함께 어떻게 시작할지 몰라 막막하게 서있을 때, 로그의 신호를 보고 서서히 말문을 연다. 로그는 마치 악보를 보고 음악을 지휘하는 지휘자처럼 연설문을 보며 왕에게 계속 호흡을 느낄 수 있게 수신호를 보낸다. 로그의 격려와 도움으로 조지 6세는 무사히 연설을 마치며 모든 왕실의 가족과 국민들이 안도하는 모습이 그려진다. 이렇게 음악은 제2의 언어로 훌륭하게 사용된다.

음악과 말하기가 밀접한 관계라는 건 의심의 여지가 없다. 음악과 말하기는 뇌에서 비슷한 방식으로 처리된다. 언어를 사용하고 이해하는 뇌의 부위는 음악에도 반응한다. 뇌의 영역 중 '브로카 영역'이라는 곳은 악보를 보고 바로 연주하는 것과 언어를 처리하고 구성하는 것 모두를 담당한다. 수차례 연구한 결과, 교향악단 단원들 중 악기를 더 많은 햇수 동안 연주한 단원은 이 부위에 더 많은 회색질을 보인다.

측두엽 청각피질의 일부로서 해쉴의 회전으로 알려진 작은 부위는 소리가 뇌에 가장 먼저 닿는다. 한 연구에서는 이 부위의 크기를, 전문 음악인과 비전문 음악인 그리고 비음악인으로 비교했는데, 전문 음악인>비전문 음악인>비음악인 순으로 크기가 차이 났다. 해쉴의 회전이 외국어를 학습하는 데 필수적인 곳으로 알려져 있기 때문에 음악인이 비음악인보다 성조언어의 기본원리를 배우는 능력이 더 빠르다는 사실도 그리 놀랍지 않다.

비가 오는 날, 각기 다른 사고방식들에 부대껴 결국 서로의 갈 길을 가자고 하는 이별의 날, 알 수 없는 감정에 가슴이 먹먹했던 느낌을 누구나 가져본 적 있을 것이다. 외롭고 쓸쓸하게 집에 돌아오는 길에 어디선가 이소라의 〈바람이 분다〉가 들려온다. 비가 오는 모습을 '하늘이 젖는다'라고 표현하며 어느덧 미용실 앞에 다다른다. 그리고 머리를 자르고 나오는 길에 바람이 분다.

〈바람이 분다〉의 가사를 되뇌면 모두 내 얘기 같고 나의 심정을 표현하는 것에 공감한다면 그동안 참았던 눈물이 앞을 가린다. 그리고 퉁퉁 부은 눈으로 자고 일어난다면 어제보다는 살만한 또 다른 감정이 내 안에 작용할 것이다.

누구나 한 번쯤은 음악을 통해 복잡하던 마음을 순식간에 변화시키고, 행복한 마음을 더 크게 만들고, 우울한 마음을 위로받은 경험이 있을 것이다. 음악은 느끼고 싶고 말하고 싶었던 간절한 언어이기 때문에 그 가사 속에 담겨있고 음표 속에 녹아있다. 작곡은 멜로디와 가사 안에 마음을 담고, 연주자는 그 마음을 담아 악기로 연주하며, 보컬은 마음이 담긴 목소리로 사람들에게 음악의 언어를 전달하는 것이다.

음악이라는 언어가 가슴속에 남아 공감을 불러 일으키고, 마음이 움직일 때 그것을 '감동'이라고 부른다. 사람들이 진심이 담긴 말을 듣고 눈물을 흘리듯, 아름다운 음악을 듣고 눈물을 흘린 경험이 있을 것이다. 이렇게 음악은 막연하고 난해한 존재가 아니라 우리 곁에 있는 하나의 언어이자 위로의 언어인 것이다.

음악을 하는 것은 전공하든, 안 하든 감동을 주는 것에는 큰 차이가 없다. 물론 전공자는 연주기법이나 악기의 기교적인 면을 보다 자세히 공부하고 음악을 분석하고 화성학을 따지며 접근하는 방식이 전문적일 수 있다. 하지만 넓게 본다면 음악을 연주하고 작곡을 해서 듣는 이에게 감동을 준다는 것에는 전공과 비전공의 차이는 없다. 음악을 할 때는 언제 어디서든 세상 모든 사람들에게 자신의 진심을 담아 전달하면 되는 것이다. 곧 음악은 일방적인 표현 방법이 아니라 서로 교감하는 감정을 전달하는 전화기이다.

또한 음악은 소통의 도구이다. 언어를 통해 대화를 나누듯 가사나 음표로 다양한 표현을 나눈다. 작곡을 통해 작곡자 자신의 마음을 표현하기도 하고 악기로 연주하여 표현할 수도 있다. 그리고 듣는 사람은 그 음악을 듣고 공감하며 감동한다. 가사, 선율, 화성이 음악이라는 커다란 틀 안에서 유기적으로 영향을 주며 서로의 마음을 열어준다. 그것이 감정을 나누고 있다는 공감대의 폭을 넓혀준다. 바로 음악의 힘이고 예술이 가진 특별한 아름다움이다. '사랑한다'라고 말로 고백하긴 어렵지만 노래를 부르며 전달한다면 그보다 감미로운 것은 없다. 음악은 감정을 전달하는 것에 참 강력한 도구라는 사실을 알 수 있다.

누구나 즐길 수 있는

음악을 통한 워라밸

PART 03

음악이 당신의 일상을 바꾼다

소확행, 미래의 불안보다 현재의 행복에 '집중'

우리나라처럼 혹독하고 치열하며 가혹하게 살아가는 국민은 많지 않다. 열풍과 유행에도 민감하여 빠르게 퍼지고 빠르게 사라진다. 그만큼 열정적이지만 쉽게 지친다는 것이다. 직장에선 치일 대로 치이고 가정에서도 마음 둘 곳이 없어 허무함을 느낀다. 열심히 최선을 다해 살았다 생각했는데 지나온 삶을 되돌아봤을 때 허망함이 파도처럼 밀려올지도 모른다. 그렇게 치열함은 불안으로 다가오고 허망함은 슬픔으로 다가오는데 정작 그 감정조차 제대로 파악하지 못하는 것이 요즘 세대 사람들이다.

한때는 웰빙Well-being 붐이 일었었다. 웰빙의 뜻은 정신적, 육체적인 건강과 행복, 삶의 질을 강조하는 생활방식을 의미한다. 음식도 웰빙, 의류도 웰빙, 머리끝에서 발끝까지 웰빙으로 도배

했던 시대가 있었다. 웰빙 시대가 지나고 나니 이제는 늙지 않는 것이 더욱 더 중요하다며 안티에이징Anti-aging에 관심을 가지기 시작한다. 특히 이 시대는 대한민국에 현존하는 모든 화장품 브랜드에서 다뤘던 것이 바로 안티에이징이었다. 피부에 관련된 모든 제품이 안티에이징이라는 단어 하나에 울고 웃었다. 그리고 화장품에 이어 식품까지 등장하여 약품 또한 휩쓸었다. 그리고 몸짱, 동안 선발대회가 탄생하여 몸짱 아줌마, 동안 아줌마를 찾아내기 시작했다. 이렇게 외적인 것에만 관심을 두는 시대가 저물어 가고 우리는 드디어 정신적 건강함의 본질을 무엇인가 고민하기 시작한다.

만약 영생을 준다는 불로초가 이 세상에 현존했다면 진시황이 지금도 살아 있어 중국을 다스리고 있을지도 모른다. 어떠한 방법을 써도 나이는 먹고 시간은 흘러간다. 젊음은 아무리 노력을 하더라도 비켜갈 수 없는 것이다. 그렇게 인정하고 나니 진정으로 건강하게 나이 먹어가는 것과 늙어가는 것이 무엇인가에 대한 내면의 본질을 찾아 나선다. 그게 바로 웰에이징Well-aging이다.

웰에이징은 내면의 건강과 나아가 우리 가정과 사회, 삶의 질에 대해 건강함이 무엇인지, 나를 지배하는 정신건강이 어떤 것인지 생각해보게 만들어주었다. 그렇게 삶을 열정적으로 진심을 다해 사는 것에서 비롯되어 웰다잉well-dying까지 이어졌다. '어떤 죽음이 건강한 죽음인가? 어떻게 죽는 것이 행복한 죽음인가?'로까지 고민하게 된다. 이러한 고민이 이상하지 않은 이유 중의 하나는 대한민국은 슬프게도 자살률이 높은 국가로 꼽히기 때문이다.

이렇게 대한민국은 수시로 바뀌는 세계정세와 한 차례씩 밀려오는 불황, 그 어려움 속에서도 웰빙-안티에이징-웰에이징-웰다잉까지 새로운 트렌드를 끊임없이 만들어 내며 열성을 다하며 멈추지 않고 흘러왔다. 그렇다면 요즘 우리 국민들에게 불어닥친 유행은 무엇일까?

새롭게 마주한 신조어는 바로 '욜로'였다. 욜로는 인생은 한 번뿐이라는 'You Only Live Once'의 줄임말이다. 현재 자신의 행복을 가장 중시하자는 의미를 내포한다. 지금까지 이야기한 잘 먹고 잘 살고 잘 죽는 것에 대한 물질적, 외적 걱정을 우선적으로 하지 않는 것이다. 언제 풀릴지 모르는 불황과 앞날이 보이지 않는 취업준비, 비현실적인 결혼과 육아 등 우리의 무겁고 어려운 현실과 미래를 생각하며 선先 스트레스를 받을 것을 거부하고, 오로지 지금 내가 사는 후後 순간, 지금에만 집중하기로 한다.

욜로는 '내집마련home ownership scheme'의 꿈을 위해 청춘을 버리는 것도, 남들에게 과시하는 목적이 주를 이루는 명품을 사는 것도 우선순위가 아니다. 지금보다 척박했지만 성실하기만 해도 이룰 것이 많았던 앞의 세대와 풍족하고 편안해졌지만 미래의 불투명으로 불안에 떨고 있는 30~40대와는 다른 생각을 갖고 있다. 치열하게 경쟁하며 무작정 달려왔다가 허무함만 남았다고 느낀 지금의 세대는 지금, 당장, 오늘이라는 순간의 소중함을 깨닫게 되었다.

그래서 욜로족은 지금 당장 즐기는 것과 그 즐거움에 대가로 시간과 돈을 쓰는 것에 대해서 주저하지 않는다. 물질과 소유만 둘러쌓인 세상의 잣대를 거부하고 내가 행복해질 수 있는 것들이 무엇인지에 대해서 고민하는 것이다. 그리고 욜로에서 더 나아가 소확행이라는 단어가 유행하기 시작했다.

소확행은 일상에서 느낄 수 있는 작지만 확실하게 실현 가능한 행복. 또는 그러한 행복을 추구하는 삶의 경향이다. 일본의 유명한 소설가 무라카미 하루키가 90년대에 발간한 수필집에서 처음 소개되었는데 갓 구워낸 빵을 손으로 찢어 먹고, 서랍 속 반듯하게 접어 돌돌 만 속옷, 새로 산 셔츠를 머리부터 뒤집어 쓸 때의 감촉과 냄새 등 소소하지만 확실한 작은 행복, 찰나의 행복을 추구한다. 퇴근 후 음악 라디오를 들으며 맥주 한잔하기. 피아노 한 곡을 쳐보기 등도 이에 해당되는 사항이다.

최근에 방영된 〈숲 속의 작은집〉을 통해서도 소확행에 대한 관심도를 알 수 있었다. 처음 그 프로그램을 봤을 때는 저런 심심한 프로그램을 누가 보나 의구심이 들었었다. 하지만 하루종일 회사에서 씨름하다 들어온 남편이 그 프로그램을 보며 공감하고 작은 행복감을 느낀다고 했을 때 소확행이라는 것은 삶에서도 중요한 요소라는 것을 깨달았다.

소확행은 그저 막연히 주말에 늦잠을 자는 것을 뜻하는 게 아니라 나만이 느끼는 구체적이고 확실한 행복을 뜻한다. 그 행복은 다른 사람에게는 결코 대단하지 않을지도 모른다. 아주 평범하며 사소한 보통의 순간이기 때문이다. 하지만 자신에게는 나만이 느끼는 행복한 순간이기 때문에 특별한 것이다.

🎧 걱정말아요 그대 – 이적(ver.)

음악으로 관계의 불협화음 줄이기

CMajor7코드를 아는가? 어떤 악기든 '도미솔시'를 연주하면 CMajor7의 밝으면서도 묘한 분위기를 알 수 있을 것이다. 함께 치면 '도'에서 '시'는 장 7도로서 음악인들의 말을 비추어 보면 불협화음에 속한다. 피아노가 집에 있다면 '도'와 '시'를 동시에 누르면서 그 소리를 느껴보라. 어딘가 불편한 느낌을 받을 것이다. 하지만 그사이에 '미'와 '솔'이 들어감으로써 징검다리 역할을 해주고 그 배음들이 어우러져 CMajor7이라는 아주 밝은 코드가 되었다. 아름다운 하모니를 이루면서 말이다. 음악이란 그런 것이다. 음악을 한다는 것은 불협화음 관계 사이에서 화음을 만드는 것이다. 그 화음은 하모니를 이루며 자신이 속한 공동체에 윤활유 역할을 할 수 있다.

우리나라 고유의 음악이나 공연은 외교적으로 문화 교류를 위해 적극적으로 사용되고 있다. 소리꾼 이자람의 공연을 한 번쯤 보는 것을 추천한다. 이자람은 베르톨트 브레히트의 〈사천의 선인〉을 원작으로 하는 창작 판소리 〈사천가〉를 초연 이후 파리 시립극장, 리옹 국립민중극장 등지에서 공연하고 현지 관객과 평단에게 호평받았다. 외국의 작품을 우리나라의 판소리로 재창조해서 세계적인 공연을 만들어가는 것이다. 이러한 교류를 보며 '도'와 '시'와 같은 나라와 나라의 관계를 문화가 '미'와 '솔' 같은 징검다리의 역할을 해서 평화롭게 만들어준다는 것을 알 수 있다.

음악은 여러 문화 사이의 어색함을 풀어주는 가장 좋은 수단이다. 음악은 모두가 이해할 수 있는 마음의 도구다. 특별한 말 없이도 감정을 전달할 수 있다. 사람들이 함께 춤추고 노래하는 사이에서 강한 유대감과 연대감이 생성되고 친밀감을 통하여 상호신뢰가 쌓인다. 우정은 아주 원초적 토대에서 싹튼다. 두 문화의 원형은 어느새 융합되어 새로운 관계를 창조하고 긴장 관계에서 생긴 침묵의 시간도 치유되기 시작한다. 한마디로 음악은 마음의 문을 여는 열쇠다. 우리가 서로의 문화를 이해하고 그 문화를 배우며 그것에 속한 노래나 춤을 배울 때 서로 깊이 이해하게 되어 관계에서도 더욱 친밀한 관계로 자유로워지는 것이다.

나라와 나라 간의 관계에서도 음악은 큰 역할을 하지만 사회 전체의 역할에서도 음악은 중요한 역할을 한다. 예를 들어 음악은 애국심, 용기, 영웅심, 신앙심을 표현하고 그 감정을 고취시킬 수 있다. 또한 저항이나 반대되는 감정을 표현할 때도 평화적으로 내비칠 수 있다. 그러므로 음악은 사회적 규범의 준수를 예술적으로 표현하여 사회적 규범에 대한 도전이나 집단 내의 갈등을 정의하는 데에 중요한 역할을 한다. 자유롭지만 평화롭게 사용됨으로써 표현의 자유를 누리고 선진의식을 고취시키는 것이다.

그렇게 사용된 음악은 사회의 융합에 기여한다. 음악을 통해서 사회적 결속력이 만들어지는 것이다. 춤과 노래를 함으로써 개인이 집단 활동에 참여하도록 장려하며, 고립되는 상황을 줄이는 데 기여한다는 것이다.

음악은 전 국민의 유대감을 만드는 역할을 하기도 한다. 2002년 월드컵에서 썼던 응원가를 생각해보자. 이 응원가의 위력은 광화문광장의 붉은 물결을 만들고 우리나라 대한민국이라는 연대감을 만들었다. 자국 선수들이 골을 막고 넣을 때마다 함께 응원하며 감정이 고양되었던 때를 생각해보라. 온 국민이 대한민국을 외치고 박수를 칠 때마다 가슴속에 끓어오르는 애국심을 겪어본 적이 있을 것이다. 이처럼 음악은 사회적 집단을 통합하고 유지하는 데 특출난 기능을 갖고 있다. 그렇다면 이러한 기능을 국가보단 작은 규모인 학교나 회사 혹은 가정에서도 쓸 수 있을 것이다.

가족을 위한 응원가를 만들어보자. 가족의 응원가는 서로의 유대감을 고취시키고 결속력을 만들어주며 서로에게 힘을 북돋아 줄 것이다. 조기축구를 하고 있을 때나 가족과 가볍게 배드민턴이나 테니스를 칠 때 사용해보자. 처음엔 멋쩍을 수 있으나 곧 주위 사람들의 부러움을 한눈에 사게 될 것이다.

2018년 평창동계올림픽부터 남한과 북한 사이에 이례적인 일들이 많이 일어났다. 북한 삼지연 관현악단이 서울에서 공연을 갖고 음악축제가 벌어진 것이다. 그리고 곧 우리나라의 조용필, 최진희, 강산에, 이선희, YB, 레드벨벳, 피아니스트 김광민 등등의 음악인들이 평양에 가서 두 차례 공연을 하고 왔다. 그리고 남북회담이라는 물꼬를 트고 2018년 4월에 남북회담 5월에는 북미회담이 이루어진 것이다. 이렇듯 음악은 휴전상태인 우리나라와 북한의 관계에서도 불협화음을 협화음으로 바꾸는 힘을 가졌다.

Universe & U – KT Tunstall

우리 딸과 함께한 음악세계

항상 쳇바퀴처럼 아침을 맞이하고 나갈 준비를 하는 우리, 어제저녁 늦게 잠자리에 누웠지만 내일 아침 일찍 일어나기 위해 핸드폰에 알람을 맞춘 것이 어느샌가 울리고 있을 것이다. '띠리리리'의 무의미한 전자 소리. 그리고 5분 더 잘지 말지 고민할 때 문득 어제 만난 친구가 자랑하며 들려준 이야기가 기억났다.

> "가장 멋진 아침이었어. 한 주 휴가를 보내려고 산속에 들어갔을 때 아이폰으로 알람을 맞췄는데, 곡은 랜덤듣기로 해두었었지. 항상 듣던 〈백만송이장미〉나 〈걱정말아요 그대〉 같은 노래가 나오겠거니 했어. 그런데 갑자기 내 딸 하은이의 연주하는 피아노 소리가 들렸지. 그것도 내가 작곡한 피아노곡으로 말이야. 내가 작곡한 악보를

보고는 어느새 연습해서 내 생일날 쳐줬던 그 곡이었어. 하은이를 유학 보내고 난 후는 시차 때문에 전화하는 것조차도 힘들 때도 있는데 말이야. 난 3분 내내 침대에 누워 창밖의 풍경을 바라봤어. 딸애가 정성 들여 연주해주는 음악소리를 귀 기울여 들으면서 말이야. 그때 내가 얼마나 행복했었는지. 딸애가 얼마나 자랑스러웠었는지 다시 생각해봤지. 그 연주를 들으며 그때 행복했던 순간을 떠올렸었어. 이윽고 연주가 끝나서 알람을 껐고, 잠깐 동안은 푸른 하늘을 쳐다봤던 것 같아. 얼마나 기분이 좋았는지 여기가 천국인지 우리집인지 분간이 안 갈 정도였지. 항상 아침은 나를 깨우는 아침햇살을 원망하며 무거운 몸을 질질 이끌고 나갔었는데 이제 아침을 사랑할지도 모르겠네."

도시라는 삭막한 기후 안에서 사는 당신. 얼마나 뻔한 일상에 물들어 있었던가. 라디오와 텔레비전 뉴스 그리고 교통정보가 경쟁하듯 높은 볼륨으로 울려대고, 탁자에는 어제 마시고 씻지 못한 커피잔이 여러 개 있을 것이다. 매일 아침을 경쟁하듯 시간을 보냈었을 지난날에서 몇 년 만에 처음으로 이전과는 판이한 경험을 하면서 잠시 기쁨을 맛보았을 것이다.

이렇게 팍팍한 삶에 단비 같은 이벤트가 나의 삶을 환희의 송가로 바꾸기 충분하다. 그리고 또한 건조한 가족 관계 사이에 따뜻함의 코드로 작용할 수 있다. 사랑만 하기도 짧은 인생 사이에서 충돌했던 그 순간들을 나의 마음을 담아 사랑을 표현하기에 이만큼 좋은 방법이 없는 것이다.

'친구 같은 아버지'라는 표현을 들어본 적이 있는가. 딸과 남자친구에 대해, 혹은 그 또래의 친구들과 같은 고민들을 나누거나, 영화나 공연을 함께 보러 가는 아버지를 그렇게 부른다고 한다. 딸과 보내는 시간의 길이에 따라 딸과의 거리는 줄어들 수 있다. 어머니들에게는 쉽지만 아버지들에게는 다소 딸과 둘이서만 TV 없이 밥을 먹는다든가, 외식을 한다든가, 영화를 보러 가는 것은 어려운 일일 수 있다. 하지만 딸과 함께 음악을 하며 연주를 하고 작곡을 하고 함께 시간을 보낸다는 상상을 해보자. 함께 시간만 보내는 것이 목적이 아니라, 즐거운 시간을 공유하면서 서로 신뢰관계를 깊게 하는 하나의 훌륭한 방법이 될 수 있다. 때때로 부모가 무슨 생각을 하고 있는지, 딸을 얼마나 소중히 생각하고 있는지를 음악을 통해서 자연스럽게 전달할 수 있을 때 깊은 신뢰관계로 이어진다. 이런 감정들은 갑자기 가족을 모아놓고 일장연설을 해도 전해지지 않는다.

아이가 태어났을 때는 눈가에 웃음이 떠나지 않았을 것이다. 누구든지 팔불출의 경계 사이에서 회사 동료나 거래처 사람들에게 자식자랑을 했던 적이 한두 번은 있을 것이다.

그러나 그렇게 눈에 넣어도 안 아플 정도로 귀여워하는 자식과 거리감이 생긴다. 아직 어린 자식을 키우고 있는 부모는 '우리 애는 나를 피하게 될 리가 없어'라고 낙천적으로 생각하겠지만 자식은 순식간에 사춘기를 맞이하여 '우리 애마저…'라는 얘기로 다소 우울해질 수 있다. 또는 이미 성인이 되어 '우리 애는 나보다 더 바쁘지. 집은 하숙집이고 나는 돈을 대주는 기계와 같은 것 같아…'라고 말끝조차 흐리는 사이가 될 수도 있다.

이때 가족과 함께한 음악세계는 어느 방법보다 결속력을 만들어준다. 노골적으로 속내를 드러내며 다가가는 것은 부담스럽고 거부감이 들기 마련이다. 이러한 굴곡진 관계에 음악은 윤활유 역할을 한다.

예민함을 달리는 시기의 자식과 싸우고는 며칠의 냉전 시기를 가진 경험이 다들 있을 것이다. 이 냉전 시기를 타파하기 위해 아이를 앞에 앉혀놓고 주저주저하면서 '미안하다'라는 말의 앞글자만 말해도 손이 오그라드는 상상으로 인해 행동에 옮기지 못한다. 분명 손바닥이 마주쳐야 소리가 나듯 싸운 모든 일들이 자식의 예민함 때문만은 아닐 텐데 그저 먼저 얘기할 타이밍을 찾기 힘든 것이다. 그럴 때 그 마음을 제목이나 가사, 멜로디에 담아 작곡하여 피아노 보면대에 올려두고 자식과 같이 연주하는 계기가 된다면 자연스러운 화해의 장이 될 수 있다.

피아노 앞에 앉아 '미안하다'라는 음을 하나씩 지정해보자. 될 수 있으면 밝은 느낌으로 말이다. 물론 단조로 나의 우울한 마음을 한껏 표현하여 나의 마음은 이렇게 슬프고 우울하구나라는 느낌도 나쁘진 않지만, 듣고 기분이 좋고 따뜻한 햇살 같은 느낌의 〈미안하다〉라는 곡을 만드는 것이다.

이렇게 〈미안하다〉라는 곡을 만들어 놓는다면 미안한 일이 있을 때마다 써먹을 수 있다. 별것 아닌 일로 틀어졌지만 머쓱한 듯 연주하는 부모의 〈미안하다〉 소리는 자식에게 사뿐히 전해질 것이다. 그리고 어느새 조용히 답가를 전하는 자식의 모습도 볼 수 있을 것이다.

나의 자식이 나의 멜로디를 연주해준다. 얼마나 찬란한 삶일까 생각해보라. 팍팍한 삶에 단비 같은 시간이 될 수 있으며 화해의 방법으로 사용할 수 있다. 가족을 위한 결속력에 음악은 많은 것들을 도와줄 수 있다. 작곡은 우리의 일상생활에서도 크게 작용할 수 있다.

특별한 날 사랑하는 사람을 위한 음악

연예인이 공개프러포즈 석상에서 자신의 자작곡을 갖고 와 감미롭게 불러주며 프러포즈하는 모습을 종종 본 적이 있을 것이다. 감미로운 목소리로 세상에 첫 선을 내보이는 음악을 듣고 있노라면 그렇게 부럽고도 부럽다 생각했을지도 모르겠다. 하지만 가수니까, 연예인이니까 저런 것들이 가능하지라는 생각을 갖고 있다면 큰 오산이다. 이미 세상에 특별한 추억을 만드는 이들이 많이 있다.

블로그나 카페에만 검색을 해봐도 자신이 만든 자작곡을 올려놓은 사람들이 많다. 심지어 결혼식에 불렀던 자작곡을 다른 친구의 결혼식 축가로 사용되는 경우까지도 있다. 그만큼 진실된 가사와 간절한 감성이 어우러져 다른 사람의 마음을 감동을 주었기 때문에 가능했던 일들이다. 그 밖에도 군대를 기다리는 시간을 지혜롭게 헤쳐나가기 위해 만드는 커플들도 많다고 하니 점점 작곡은 전문가의 영역을 벗어나 누구나 할 수 있는 영역이 되고 있다.

나 또한 현재 신랑이 직접 프러포즈해준 곡에 감동을 받아 펑펑 울었던 기억이 있다. 두근거리는 마음으로 내 앞에 섰던 신랑의 눈과 떨리는 목소리로 들었던 노랫소리. 그리고 나의 심금을 울렸던 가사들이 감동의 도가니로 빠지게 하였다. 자작곡은 연인 사이에만 사용되는 것이 아니다. 자식을 위해서도 만들 수 있고 환갑잔치, 칠순잔치에도 쓸 수 있는 특별한 방법이다.

발자크는 "나에게 음악은 추억이다. 음악을 듣는다는 것은 사람들이 사랑하는 것을 한층 더 사랑하는 것이다. 비밀의 쾌락을 탐닉적으로 생각하는 것이다. 불을 사랑하는 눈을 갖고 사는 것이며 사랑하는 목소리를 듣는 것이다."라는 말을 한 적이 있다.

음악이라는 말은 언어의 말보다 그 감성을 전달하는 것이 천 배나 풍부하다. 그리고 한계가 없다. 음악은 우리들의 마음에 감성, 생각을 자극시켜주며 심상을 일깨워 준다. 그렇기에 언어로 표현하기 오글거리는 말도 음악의 힘을 빌어 전달하면 몇 배나 감동을 쉽게 전달할 수 있는 것이다.

여기서 내가 얼마나 노래를 잘 부르는지, 내가 얼마나 연주를 잘하는지에 대해서는 크게 중요하지 않다. 물론 테크닉에 따라 더 좋게 보일지도 모르나 무엇보다 중요한 것은 당신이 표현하는 마음이 얼마나 상대방에게 잘 전달하여 감동을 주는가이기 때문이다. 당신만의 독특하고 특별한 정서는 음악을 통해서 더욱 빛이 난다.

Hakuna matata - Jason Weaver

음악, 창의적 인재로 키우는 방법

새벽부터 부랴부랴 졸린 눈을 비비며 학교에 간다. 어디 그뿐인가. 야자하랴 학원가랴 무수히 바뀌는 교육과정에 맞춰 머리를 굴리고 밤늦게서야 집으로 돌아오는 일상이 요즘 아이들의 삶이다. 당신도 회사에 대한 걱정, 노후에 대한 불안, 대출원금 갚는 것에 대한 걱정, 육아와 가사에 대한 스트레스로 어깨가 무거울 수 있다. 우리는 가정 안에서든, 밖에서든, 모두 해야 할 수많은 일들에 둘러싸여 정신없이 살고 있다. 그래서 정작 삶 속에서 꼭 느껴야 할 아름다운 순간들을 마음속에 담을 시간이 턱없이 부족한 것이 요즘 세상이다.

우리 사회에 감동이 없는 이유 중 하나는 가족이 진정한 가족으로서의 가치를 발휘하지 못하고 있기 때문이다. 서로를 사랑하고 아끼며 지지해주어야 할 가족 관계는 딱딱한 콘크리트 안에서 굳어져 있다. 제도적인 문제점이 많은 것도 사실이지만 무엇보다 가정이 튼튼해야 감동이 없는 사회에도 변화가 생길 수 있다. 특히 가정에서는 아이들이 어떤 대학을 갈지에만 관심을 기울이기보다 아이의 적성이 무엇인지, 아이의 고민이 무엇인지, 하고 싶은 꿈은 무엇인지 함께 소통하며 대화하는 시간이 더 많아져야 한다. 그렇게 함으로써 가족 간의 유대감과 신뢰감을 쌓는 것이 가장 중요하다. 또한 가족과 소통하며 대화하는 시간을 갖고 있는지 자신의 삶을 돌아볼 필요가 있다. 함께 있는 시간의 대부분은 아침에 부산하게 같이 먹는 아침밥과 주말에 어쩌다 한번 있는 외식이 다일 것이다. 조금이라도 아이가 어릴 때, 부모에 대한 관심이 인생에 전부일 때 아이와 음악을 함께하는 시간을 갖는다면 그 소통의 영향력은 어른이 된 미래까지도 영향을 미칠 수 있다.

아이를 옆에 앉혀 놓고 힘들 때마다 틈틈이 연주했던 피아노 앞에 앉아 그동안 무수히 들었던 피아노연주곡이나, 감성에 충만할 때 만들었던 자작곡의 코드 진행과 멜로디를 되뇌어 본다. 물론 관심을 보이지만 곧 흥미를 잃게 될 것이다. 하지만 음악에 대한 거부감을 없애주며 자연스럽게 접근할 수 있는 여지를 남겨준다.

그럼 지금 어린 시절과 그 이후의 시기에 이루어진 발달을 생각해 보자. 이러한 경험이 있었는가? 음악은 어떻게 당신과 가족의 관계를 더 돈독하게 해주었는가? 가족과 라디오를 들으면서 좋아하는 음악에 대해 대화를 나누어 본 적은 있었는지 생각해 본다면 이런 경험을 가진 사람들이 극히 드물지도 모른다. 하지만 알게 모르게 음악은 아주 어렸을 때부터 감정, 의사소통, 공감 등 밀접한 관계를 맺어왔다. 따라서 지금부터라도 자녀에게 정서나 개인표현, 신체건강, 인간관계에 음악의 힘을 활용하면 더욱 강력한 것임을 다시금 깨달을 수 있을 것이다.

아이와 함께하는 음악활동을 시작해보자. 아이와 함께 책을 읽는 것과 똑같다. 연주를 하거나 작곡을 한다는 것은 거창한 것만이 아니다. 그것은 아이와 함께 교감하는 소통능력으로 쓸 수 있는 것이다. 점점 더 스마트폰 안으로 빠져 지내는 아이가 늘고 있는 요즘, 음악은 그런 아이들을 밖으로 불러내 협응능력과 신체적응력을 키워준다. 몸의 움직임이 좋아지면 자신감이 자라듯, 음악은 필수과목 위주의 수업과 달리 아이들의 창의력, 팀워크 경험, 자아존중감을 키운다.

부모에 맞게 아이들을 교육시키는 것이 아니라 아이들에 맞는 부모가 되도록 노력해보자. 음악을 한다는 것은, 악기를 연주하고 작곡한다는 것은 절대 거창한 것이 아니다. 집안에서 아이가 좋아하는 음악을 함께 부른다면, 그 곡을 악기로 연주해 본다면, 또한 그것을 즐겁게 편곡해보고 나의 멜로디를 그 뒤에 붙여보며 함께 음악하는 소통을 시도해 본다면 자녀는 그때 느꼈던 감성을 품고 바르게 자라날 것이다. 자녀를 위해서 그리고 나를 위해서 작곡을 한다면 신뢰관계가 형성된다.

손자에게까지 물려주는 나의 음악성

죽음은 누구에게나 찾아온다. 모차르트가 아버지에게 보낸 편지에 이렇게 말했었다.

> "따지고 보면 죽음이란 삶의 궁극적인 목표이므로 나는 최근 몇 년 동안 인간의 가장 진실하며 좋은 친구와 친해지게 되어서 이제는 죽음을 그리는 일이 더 이상 무서운 일이 아니라 오히려 위안과 평안을 주는 일이 되었습니다. 지금 저는 신이 우리의 진정한 행복의 열쇠가 죽음이라는 사실을 알게 해 주신 데 대하여 감사드리고 있습니다."

이 편지에서 모차르트는 죽음에 대한 자신의 감정을 솔직하게 이야기하고 있다. 오히려 죽음은 위안과 평안을 주는 일이라는 것이다.

그렇다면 지금 이 책을 읽고 있는 당신은 죽음을 어떻게 바라보고 있는가. 대부분의 사람들은 죽음은 자신과 관련없는 것처럼 행동하며 산다. 남의 일인 양 삶의 환희만 보며 사는 것이다. 그래서 재산에만 집착하며 돈과 부동산 등 자식에게 부귀영화를 남기기 위해서 고군분투하며 산다. 죽음에 대해 생각해본 적이 있다면 죽음 후에 이 세상에 무엇을 남길 것인가 깊게 고민해야 할 문제이다.

하지만 한국의 현실은 돈을 어떻게 모으고, 남겨줄 수 있을지에 대해서만 혈안이 되어있다. 그래서 대한민국은 부동산으로 인해 열병을 앓고 있다. 주식과 재테크 카페가 몇십만 명을 넘어 섰고, 여러 가지 합법, 불법적인 방법을 통해 자금을 모으는 방법에 고군분투하고 있다. 적금, 예금부터 시작하여 주식, 펀드 심지어 금을 사서 쟁여놓고 다른 나라의 돈까지도 재테크의 수단이 되고 있다. 돈이 나쁘다는 것은 아니다. 돈은 이 세상에 살면서 없어서는 안 되는 것 중 하나이다. 하지만 돈만이 이 세상에 전부라고 생각하는 물질만능주의가 문제라고 생각한다.

우리나라는 1960년만 해도 결핍의 역사였다. 쥐털과 오줌을 수출하고, 머리카락을 잘라 집세를 내던 나라였다. 보릿고개가 무섭게 나물이라 불리는 모든 잡초들이 뽑혀져 나갔으며, 온 산들은 벌거숭이가 되었고 나무의 껍질조차도 먹는 것의 대상이 되었다. 하지만 우리는 1970년대부터 기업들이 활성화되고 수출국가가 되면서 경제 호황을 누렸고 1990년대는 경제선진국가 단체인 OECD에 가입하는 기염을 토한 국가가 우리 대한민국이다. 그만큼 뼈아프고 고생하면서 이룩한 경제대국에 자부심을 갖고 자금 운용에 몰입하는 것은 이해가 된다.

하지만 우리는 자신을 제대로 바라보아야 한다. 몇십 년 만에 경제성장을 이루고 물질적인 풍요를 누리고 있지만 그에 따른 정신적 성장이 이루어지지 않아 많은 문제점을 낳고 있다. 경제성장과 함께 문화적 성장을 함께 이룬 선진국의 다른 나라와 달리 경제성장만을 이룬 채 물질과 정신의 양극화가 심화되고 있는 실정이다. 이런 차이는 다른 나라와 우리나라가 제시한 중산층 기준만 보아도 알 수 있다.

영국 옥스퍼드 대학에서 제시한 중산층 기준	❶ 페어플레이를 한다. ❷ 자신의 주장과 신념을 가진다. ❸ 독선적 행동을 하지 않는다. ❹ 약자를 두둔하고 강자에 저항한다. ❺ 불의에 의연히 대처한다.

미국 공립학교에서 가르치는 중산층 기준	❶ 자신의 주장이 떳떳해야 한다. ❷ 약자를 도와야 한다. ❸ 부정과 불의에 대응해야 한다. ❹ 정기적으로 비평지를 보아야 한다.
프랑스 대통령이 정한 기준	❶ 외국어 하나는 구사해야 한다. ❷ 스포츠, 악기를 해야 한다. ❸ 요리 하나는 할 수 있어야 한다. ❹ 봉사활동을 꾸준히 해야 한다. ❺ 남의 아이를 내 아이처럼 꾸짖을 수 있어야 한다.
한국 직장인 설문조사 기준	❶ 부채 없는 30평 이상의 아파트를 소유해야 한다. ❷ 월 급여가 500만 원 이상 있어야 한다. ❸ 자동차를 소유하고 있어야 한다. ❹ 예금액이 1억 이상 있어야 한다.

우리만 확연하게 다른 기준을 갖고 있다. 오히려 다른 나라의 기준으로 본다면 우리 대부분은 중산층이다. 하지만 우리나라의 중산층 기준은 물질적이다. 물질만능주의에 깊게 빠진 사회에서 지금부터라도 내적가치를 물려주어야 한다. 그리고 우리가 문화적 주체가 되어 물질보다 더 중요한 정신을 물려줄 수 있어야 한다. 음악은 자신을 들여다볼 수 있는 거울이다. 겉으로 보여지는 집, 자동차, 통장 등등의 가치보다는 자신의 가치를 물려줘야 한다.

그렇다면 사랑을 어떻게 물려 줄 것인가. 인내라는 것을, 위로라는 것을 어떻게 알려줄 수 있을지 방법을 생각해보면 아이를 앉혀놓고 일장연설만 한다고 해서 되는 것이 아니다. 이러한 구식의 방법을 벗어나 많은 가치들을 음악으로 담는다면 내적가치를 더 손쉽게 물려 줄 수 있다.

물질적인 것만이 유산 목록이 아니다. 당신이 살면서 느꼈던 가치들, 사람을 사랑하고, 인내하고 양보하며 정신적 가치를 가르치며 물려 줄 수 있는 사람이 된다면 이 세상에 누구보다도 특별한 사람이 되는 것이다. 음악을 한다면 곡을 통해 정신을 물려줄 수 있다.

자식뿐만 아니라 나이가 들어 손자나 손녀에게도 음악을 들려줄 수 있다. 맞벌이하는 것이 당연해지며 손자, 손녀를 돌보는 조부모 가족들이 많아지는 추세이다. 그럴 때 TV 앞에서 아이들과 함께 자식들의 퇴근시간만 기다리는 것이 아니라 음악을 통해 함께 기다릴 수 있을 것이다. 자신이 좋아했던 음악을 들으면서 함께 덩실덩실 춤을 추어보는 것도 좋은 방법이다.

아이가 음악에 대해 관심을 갖기 시작한다면 자신이 그동안 연습했던 연주곡을 들려주어 보자. 그러면서 악기도 함께 만지고 불며 연주도 해보자. 꼭 악보를 보면서 가르칠 필요가 없다. 소리가 모아져 음악이 되듯 모든 소리가 아이들에겐 음악의 재료가 될 수 있다. 집에 젬베나 두드릴 수 있는 통을 갖고 있다면 통을 엎어놓고 함께 두드려 보자. 그것은 세숫대야일 수도 있고 플라스틱 반찬통일 수도 있다. 무언가 갖춰진 환경이 아니라도 소리로 이루어진 음악은 무엇이든 재료가 될 수 있다.

손자를 위한 자작곡을 만드는 것도 좋은 방법이다. 손자를 돌보며 느꼈던 감정을 일기 형식으로 써보고 그것을 가사로 만드는 것이다. 아니면 손자와 놀면서 흥얼거렸던 멜로디를 휴대폰에 녹음해 놓는 것도 좋은 방법이다. 이런 시간들이 모아져서 곡을 만들어 손자에게 준다면 그것을 틈틈이 듣고 봤던 손자는 당연히 감수성이 뛰어나게 된다. 뛰어난 감수성은 음악성으로 번질 것이고 이것은 당신의 정신을 물려주는 좋은 방법이 될 것이다.

음악이 가정까지도 바꾼다

화목한 가정을 생각하면 어떤 이미지가 떠오르는가? 저녁에 따뜻한 커피를 앞에 두고 탁자에 앉아 좋아하는 책의 책장을 넘기는 모습, 사랑하는 사람과 이야기를 나누거나 라디오를 들으며 저녁식사를 준비하는 모습, 애완견과 함께 가까운 공원으로 산책가는 모습, 아니면 시끌시끌한 TV 너머로 아이들에게 숙제하라고 말하는 모습 등을 떠올릴 것이다.

이런 장면을 떠올리기만 해도 우리 기분은 새롭게 바뀐다. 음악이 감정에 직접 영향을 준다고 밝힌 연구결과도 있는데 교통으로 인한 소음은 우리를 긴장시키는 반면 어린아이의 웃음소리에는 기분이 좋아지게 만든다고 한다. 다른 예를 들자면 단조 음악은 우리를 차분하게 하지만 비트가 빠른 음악은 흥분을 유도한다.

마치 영화음악 작곡가가 음악으로 분위기를 이끌어가듯 우리 역시 소리를 이용해 자신의 기분을 조절할 수 있다는 것이다. 이러한 사실은 우리에게 반가운 소식이다. 음악은 마치 커피를 마실 때처럼 기운을 북돋을 수 있고 술을 마신 것처럼 긴장을 해소하기도 한다. 물론 커피나 술이 주는 것 같은 부작용은 겪지 않아도 된다.

가정에 불화가 잦은 가정이라면 함께 음악활동을 했을때 화목을 이루는 데 도움이 된다. 음악활동은 단순히 함께 피아노 연주하기, 다 같이 노래 부르기 같은 것만 뜻하지 않는다. 주변에 어떤 물건이 보이는가? 마우스도 좋고 냄비 뚜껑도 좋고 락앤락 그릇이라던가 하다못해 자신의 손이나 주먹도 좋다. 손에 든 무언가로 즉흥적으로 두드려 보자. 그리고 옆에 있는 파트너나 식구들에게 두드리는 소리 위에 다른 소리들로 같이 연주해 보자. 이것 또한 리듬적 작곡이다. 이미 당신은 공동체에서 리듬을 작곡하였다.

퇴근 후 저녁 현관에 들어섰을 때 만나게 되는 음악은 무엇일지 고민해보자. 일터를 떠나 집으로 돌아왔다는 사실을 일깨워주고 기분을 상승시켜주는 음악으로 흥겨운 스윙 리듬이나 라틴음악일지도 모르겠다. 흥겨운 스윙 리듬의 노래 위에 나만의 선율을 흥얼거려보자. 스윙 리듬에 맞춰서 멜로디를 흥얼거리다가 살짝 나만의 멜로디로 다른 노선을 취해보는 것이다. 왠지 그 곡의 좋은 기운을 등에 업고 나의 소울을 담아내는 느낌이 들었으면 좋겠다.

이어서 저녁 분위기를 조성하고 더 효과적으로 만드는 음악 색깔을 골라본다. 비발디, 샘 스미스, 아델 등등 어떠한 곡이든 강한 비트의 활기찬 음악을 틀어두면 집 안 정리나 저녁상 차리기 같은 일들을 춤추듯 즐겁게 할 수 있을 것이다. 아이의 놀이 시간에 모차르트와 바흐 혹은 ABBA의 음악을 틀어주거나 자이언트나 버스커버스커 같은 재미난 창작곡을 들려주면 아이가 얌전히 놀 뿐만 아니라 상상력을 키우는 데도 도움이 된다. 저녁식사 시간에 가벼운 재즈, 팝보컬 곡처럼 은은하면서 적당히 박자감 있는 흥겨운 음악을 배경음악으로 틀어놓으면 분위기가 화기애애해질 것이다.

이어 밥을 다 먹은 후 가족끼리 모여 앉아 아이가 좋아하는 음악을 합창해보는 것도 좋을 것이다. 합창할 때 같은 음을 불러도 되고 민요의 메기고 받는 형식처럼 아이가 부른 선율을 내가 다른 느낌의 선율로 받는다면 색다른 느낌이 들 것이다. 처음에는 어색하겠지만 음악영화나 흑인들이 노래 부르면서 축제를 벌이는 동영상을 같이 보며 따라 해본다면 어느새가 우리 가

정도 소울 필이 충만한 가정이 되어 있을 것이다.

다시 한번 말하지만 음악활동을 한다는 것은 거창한 것이 아니다. 일상의 소리를 배치하고 사용하여 더욱 풍요로운 삶으로 만드는 것도 '음악을 한다'는 개념 중 하나가 될 수 있다. 이렇게 음악을 여러 가지 방법으로 사용한다면 내 주변의 분위기를 따뜻하고 아름답게 바꿀 수 있다.

누구나 즐길 수 있는

음악을 통한 워라밸

PART 04

퇴근 후엔 음악의 세계로 출석

🎧 처음 느낌 그대로 – 이소라

음악 속에 나의 이야기를 담는다

지구에 사는 수많은 사람들이 공통적으로 느끼는 감정들이 있다. 사랑과 이별부터 본능적으로 느껴지는 배고프다, 졸립다, 춥다, 덥다 등의 감정들과 무섭다, 외롭다, 밉다의 감정들은 당신도 한 번쯤 느껴봤을 감정들일 것이다. 우리가 살면서 최소한 번쯤은 느꼈던 이 감정들은 예술에 녹아들어 대중을 흔든다. 곧 이 보편적인 감정을 느꼈다면 스토리로 대중을 공감시킬 수 있다는 이야기이다.

예를 들어 헤어졌을 때 이소라의 〈처음 느낌 그대로〉를 들어본 경험이 있는가. 헤어지는 주제의 어떠한 음악이든 다 좋다. 그 음악을 들었을 때 내 얘기 같은, 공감을 느껴본 적이 있는가. 그리고 이런 느낌을 다른 사람들과 나눈 적이 있는가. 아마

친구도 그 애기가 내 애기인 줄 알았다고 토로할지도 모르는 일이다. 이런 공감된 주제로 음악을 만드는 것은 어느 누구나 가능하다. 당신의 삶에서 느꼈을 대중적 주제, 즉 흔한 주제를 가사로 표현하여 노래의 멜로디와 융합한다면 그 의미를 진하게 전달할 수 있다.

사람마다 다르게 사는 것 같지만 먹고, 자고, 일하는 그 패턴은 뻔하다. 누구나 먹어야 하고 자야 하며 일을 해야 돈을 번다. 시대가 변해 정보화 시대가 오고 제4차 산업혁명 직전에 있는 우리들이라도 이 패턴을 벗어날 수 없다. 곧 꿈을 꾸고, 꿈을 이루고, 사랑하고, 사랑받고, 미워하는 인간의 삶을 나도 살고 있을 것이다. 이런 주제들을 신선하지만 낯설지 않게 당신의 이야기로 표현하면 된다. 당신의 스토리들로 대중을 울리고 웃기며 공감시키면 되는 것이다.

그렇게 흔하게 느꼈던 나의 이야기들을 어떻게 표현해야 할까. 좋은 방법은 가장 좋아하고 가슴 깊이 울렸던 음악을 선정해서 그 가사와 멜로디를 계속 보며 몸에 체득하는 것이다. 그리고 같은 주제의 다른 방식으로 표현된 음악들을 몇 가지 선정하면 다양하게 표현하는 방법을 배울 수 있다.

소위 가요라고 말하는 대중음악은 가사와 멜로디 그 밖에 화음과 편곡들이 한데 어우러져 이루어져 있다. 거기서 가사는

'우우우 우우'나 '뚜르 뜨뜹' 같은 허밍도 쓰이지만 의미 없이 멜로디만 부르는 것 같은 노래에 듣고 싶은 메시지가 담기는 순간 사람들은 다시 한번 듣기 마련이다. 다시 듣는 대중들이 많아진다면 그 곡은 애창곡이 되며 히트곡이 될 수 있다.

그렇기 때문에 대중과 공감대를 형성하는 가사는 개인의 경험이나 생각이 담겨 진실성이 느껴지고, 곡을 듣는 사람들 각자의 서로 다른 기억을 여는 문이 되어 공감할 수 있게 되는 것이다.

보통 대중음악을 작곡하겠다고 마음먹는다면 3분 안팎의 노래에 인트로와 간주, 아웃트로까지 집어넣으며 당신의 인생이나 경험, 생각까지 압축해서 담아야 한다. 그것도 가사에 부합되는 멜로디와 함께 작곡해야 하는 것이다. 음악은 시간 예술이다. 아마 멜로디를 먼저 만들었다면 가사를 넣기도 전에 멜로디들이 지나가고 있을 것이다. 또 반복된 멜로디에는 반복되는 가사들을 넣는 것이 좋다는 여러 가지 법칙들까지 챙겨 넣으면 더 정신이 없는 자신만 보게 될 것이다. 즉 내가 무엇을 말하고 싶은지, 어떤 감정을 표현하고 싶은지 자신부터 정확히 알고 있어야 한다. 나의 이야기를 공감되게 재현할 수 있다면 사람들은 자신의 이야기로 받아들이고 인식하게 될 것이다.

그러므로 머리나 기술로써 수적 계산에 의하여 만드는 것이 아니라 가슴 깊게 느낀 당신의 감성으로 공감될 가사를 쓰는 것이 좋다. 대중이 겪었던 수많은 삶 속에서 함께 살아가는 음악을 작곡한다면 예술인의 길을 걸어가는 것이다.

공감되는 내용은 감동적인 감성을 가슴에 담고 그것이 가사로 표현되어 멜로디와 대중 속을 누빈다. 그 내용들은 사람들에게 말로 직접 전달하지 않더라도 음악으로써 공감하고 위로하며 힘이 되어 주는 큰 힘을 가질 수 있다. 모든 사람이 느꼈을 법한 공감된 감성을 가진 나의 스토리로 뻔하지 않게 재연함으로써 사람들의 마음을 살 수 있다.

이야기를 가사로 쓸 때 추억을 되새기며 그것을 재연하고 상상하며 관찰을 해보자. 당신의 추억이지만 또 다른 주인공을 내세워 재연시켜 보는 것이다. 곡이 주는 느낌에 따라 장소와 느낌을 되뇌며 그 장면을 상세히 관찰해보자. 여러 가지 관점에서 주는 느낌들이 달라지면서 새로운 감성들이 마음속을 두드릴 것이다. 상상 속에 또 다른 장소를 구축했다면 그 장소를 상상만 할 게 아니라 직접 가보는 것도 좋은 방법이다. 자신이 느꼈던 감정과 추억을 떠올릴 좋은 장소들을 직접 가보고 다른 색 다른 느낌들을 찾아보자. 장소나 상황이 구체적이지 않다면 디테일한 이야기는 힘들 수도 있다.

음악을 작곡한다는 것은 인식이 달라진다면 어렵지 않다. 가사 또한 마찬가지이다. 이 세상은 많은 소재들로 이루어져 있으며 당신에게는 특별했던, 모든 사람들이 공감되는 주제가 있을 것이다. 누구나 공감되는 보편적인 주제들이 대중을 움직이는 것이다. 어렵게 생각하지 말고 자신이 외치고 싶은 주제로 가사의 주제를 잡으면 된다.

주변의 사물에 빗대어 나의 마음을 표현할 수 있다. 일상에서 흔히 보는 동물이나 식물, 사물들을 나의 상황과 동일시하여 이야기를 만들면 독특한 음악을 만들 수 있을 것이다.

Kiss the rain – 이루마

악기연주,
자존감을 높이는 지름길

세상은 너무나 많은 것을 비교하고 비교당하는 것을 당연시 한다. 지금의 아이들은 초등학교 때부터 등수에 목매고, 특목고를 가기 위해, SKY대학을 가기 위해, 우등생과 열등생을 가려 놓는다. 학교에선 취업에 따라 계급이 나누어지며 통칭 금수저니 은수저니 하며 흙수저인 현재 상황에 낙담하는 이들이 나온다. 혹은 오히려 흙수저로 자식을 키우고 있는 자신에게 열등감을 느끼고 있을지도 모르겠다. 보고 듣는 정보들이 쏟아지면 쏟아질수록 그에 따른 고민과 질문으로 자신을 방치시키는 것이 요즘 세상이다.

이 시대가 자존감이 낮아진 이유가 여기에 있다. 열정이 있어 보이고 능력도 따라 오는 것 같지만 남에게 보이는 것이 중요하다고 생각하는 것, 나 자신의 생각보다 남의 시선을 더 의식하는 것은 자존감이 낮은 것이다. 그리고 이런 사람들은 자존감보다는 자존심으로 뭉쳐있는 경우가 많다. 남에게 인정받고 남보다 잘살려고 하지만 그것이 내 마음대로 안 된다고 생각되는 경우에는 자존심을 부리기 일쑤이다. 자존감이 낮고 자존심이 높은 사람일수록 끊임없이 비교당하고 있다고 생각하기 때문이다.

그렇다면 나는 내 삶에 만족하고 있는가? 지금의 내 삶에서 의미와 가치를 찾고 그것을 기쁘게 만족하며 살고 있는가? 꼭 한번 생각하길 바란다. 자존감은 나에게 가장 강력한 무기이다. 주변의 상황이 아무리 힘들어도 건강한 마음으로 무장해야 한다.

건강한 마음을 유지하는 자신만의 방법은 다양하게 찾을 수 있겠지만 나는 그것을 음악을 시작하면서, 마음을 강하게 만들어주는 연주와 작곡을 통해 찾을 수 있다고 강력하게 추천한다. 악기연주는 자신의 인생의 가치를 다시 찾는 계기가 되며 나를 돌아보았을 때 그것은 더욱 강력한 자존감으로 돌아온다. 자존감은 자기 자신을 알고 그 가치와 의미를 찾았을 때 더욱 빛나게 한다. 음악을 한다면 그 방법을 자연스럽게 체득할 수 있다. 악기연주를 함으로써 그 의미와 가치를 부여하며 무시받고 인정 못 받는 것 같은 부정적인 편견들을 날려버릴 수 있다. 그리고 그것은 내 자신이 더욱 채워지는 느낌을 받게 될 것이다.

사실 우리는 지금 일상생활에서 발휘하는 능력과 달리 스스로 생각하는 것보다 훨씬 큰 가능성과 무한한 능력을 지니고 있다. 단지 자존심으로 가리어졌던 많은 상황들로 인해 이 부분을 놓치고 자신의 가능성을 발견하지 못했던 것뿐이다. 계속 이야기했듯 누구나 음악을 할 수 있는 전문성을 가슴 깊이 지니고 있다.

이제는 그것을 깨고 나와야 하는 것뿐이다. 하지만 자존심을 자존감이라 생각하며 비교를 생활화했던 삶 속에 에너지를 너무 쏟았기 때문에 정작 자신의 가치를 생각지 못하고 살았던 것뿐이다. 자신과 맞는 곡을 선택해 보자. 자신의 인생을 닮은 선율과 가사를 가진 곡을 찾아보자. 그리고 그 선율 속에 감정을 집어넣어 연주한다면 인생의 의미를 찾을 수 있다.

삶을 변화시키고 싶다면 음악 듣기를 생활화해보자. 그리고 연주를 해보고 작곡을 해보자. 이런 새로운 자극들이 삶을 긍정적으로 변화시켜 줄 수 있다. 음악은 인간감정의 진지한 표현이다. 나를 찾아가고, 자신의 능력을 발견하는 가장 손쉬운 방법인 것이다. 음악을 한다면 나 자신을 발견하고, 그동안 받았던 상처들이 힐링되며 부족한 부분을 채워 지금보다 더 나은 여유 있는 자가 되게 만든다.

과도한 업무 스트레스나 좌절감, 우울증으로 인생의 위기를 겪고 있다고 생각한다면 감정에 가장 솔직한 음악을 해보자. 음악으로 만든 인간관계는 당신을 외롭지 않게 만들어 줄 것이고 의미 있는 삶의 한 부분이 되어 인생을 더 윤택하게 할 것이다. 이것은 문화가 갖고 있는 가장 큰 힘이다.

즐겁게 했던 음악은 당신의 감정을 여유롭게 만들어주며 사람들과의 관계에도 큰 도움을 준다. 또한 음악을 통해 얻을 수 있는 다른 장점은 경청하는 능력을 좋아지게 하는 것이다. 친구들을 비롯해 사람들과 효과적인 대화를 나눌 수 있고, 의견을 잘 주고받으며 핵심을 잘 전달하고 전달받는 사람이 된다.

그리고 음악의 리듬은 몸의 감정을 조절하고 선택하는 능력을 키워주는 가장 좋은 방법이다. 당신이 즐겨 들었던 음악을 통해 이해력을 얻었고, 통솔력도 늘어났으며, 자존감과 자부심이 날로 커지게 한다. 그 전에 음악을 가까이하지 않은 당신도 지금부터 가까이한다면 절대 늦지 않았다. 오히려 지금까지 떨어졌던 자존감을 회복하고 높았던 자존심을 버리며 당신의 감성에 좀 더 솔직해질 수 있을 것이다. 생각과 마음을 음악에 담아 진지하게 표현함으로써 자존감을 높일 수 있다.

음악은 투자할만한 가치가 있다

행복은 성취의 기쁨과 창조적 노력이 주는 쾌감 속에 있다.
– 프랭클린 D. 루스벨트

'플로우 효과'라고 들어본 적이 있는가. 긍정심리학의 대가인 미하이 칙센트미하이가 극강의 몰입 상태에 대해 정의한 용어이다. 무엇인가에 몰입하며 몰두해 있을 때, 세상이 마치 평온한 것처럼, 시간 가는 줄 모르는 상태에서 사람은 행복을 느낀다고 한다.

인생에서 하루 동안 얼마만큼 집중하고 있는가. 플로우 효과로 하루를 살았던 삶이 몇 번이나 있는가 세어보자. 만약 플로우 효과를 경험해 보지 못했다면 인생을 집중하기 위해 필요한 요소들은 무엇이 있는지 고민해보자. 나는 하루를 집중하게 하는 원동력을 줄 수 있는 것은 음악이라고 생각한다. 그리고 음악으로 삶을 집중할 수 있다고 한다면 얼마나 멋있는 인생인가?

당신은 차별화된 방식으로 삶에 집중할 수 있는 시점에 놓여 있다.

작곡에 집중하고 몰입하면 평소 하는 일들에 지장을 주지 않을까 걱정되는 사람도 더러 있을 수 있다. 마치 도박이나 게임 중독처럼 현재 내 삶에 피해가 가지 않을까 걱정될 수도 있다. 하지만 중독과 플로우는 다르다. 어느 것에 미쳐 있되 그것으로 인해 주된 일의 능률이 향상되고 컨디션을 좋게 해주며 행복감을 주어 긍정적인 방향으로 영향을 준다.

음악을 하면 이런 플로우 효과를 줄 수 있을 것이다. 악기를 한 번이라도 더 연주할 수 있는 시간을 벌기 위해 자신의 주된 일을 능률적으로 처리할 수밖에 없다. 그리고 인생이 어느 때보다 재미있어질 것이다. 일의 양과 연습의 양을 연관시켜 보면 잠재력을 이끌었다는 것을 짐작할 수 있을 것이다.

인생에서 얼마만큼 집중하고 있는가. 인생을 집중하기 위해 필요한 요소들 중에 음악을 빼놓지 않았으면 한다. 음악으로 내 삶을 집중할 수 있다고 한다면 얼마나 멋있는 인생이겠는가. 특히 악기를 연주하며, 자신을 위한 작곡으로 당신의 삶을 깊게 들여다보며 감동을 줄 수 있다면 얼마다 값진 인생일지 생각해 보라. 차별화된 방식으로 삶을 집중할 수 있다.

현재의 삶에 영향을 주는 요소는 무엇일까. 그리고 이것은 미래에 어떠한 영향력을 주게 될 것인가. 현재의 삶에서 비추어 봤을 때 과거의 나에게 가장 영향을 주었던 것은 '누구와 함께 있는가?', '내가 어떠한 감성과 감정을 갖고 그것을 잘 컨트롤 하고 있는가?', '어떤 생각을 갖고 있는가?'이다.

이런 세 가지 요소가 현재의 나를 만들고 미래에 영향력을 끼친다. 여기에 더해서 나는 '내 삶에 어떻게 집중할 것인가?'까지가 중요하다고 생각한다.

악기를 연습할 때 내가 조용히 집중하는 능력이 있음을 깨닫게 된다. 또한 작곡할 때 내가 몰랐던 '나'를 바라볼 수 있는 계기를 갖게 된다. 그리고 아름다운 선율에 감정을 싣고 자신을 들여다보며 감성과 감정을 다시금 깨닫게 되는 기회도 갖게 된다. 특히 피아노나 기타를 치면서 나를 표현하는 가사를 흥얼거리면 내가 알지 못했던 무의식의 나와도 직접적인 소통도 가능해진다.

악보를 보다 보면 악보를 익히고 분석하는 힘도 생겨서 지적 능력도 함께 길러진다. 그리고 쌓인 지성 위에 인내심도 생기게 된다. 자기 세계를 표현하게 되면서 자신감을 갖게 되고, 당연히 감성도 풍부해진다. 연주하고 작곡을 하면서 아름다움을 함께 만들어 가는 과정을 즐기고 느끼고 성취감을 알게 될 것이다.

또한 자신의 곡을 밴드나 앙상블로 연주하게 된다면 어떤 악기가 어디서 정확히 연주해야 하는지를 알게 되고, 소리를 어느 정도 조율해야 할지, 서로 어떻게 협력해서 하나의 음악을 만들어나갈 수 있을지 고민하면서 진정한 사회성이 발휘된다. 연주를 하고 작곡을 하면 지성과 감성, 자기 성찰을 할 수 있는 기회가 생길 뿐만 아니라 누군가와 공감할 수 있는 사회성을 키워주는 통로가 된다. 그리고 이런 플로우 효과로 일의 능률 또한 향상될 것이다.

세상은 불만족의 시대이다. 뉴스 포털의 댓글을 보더라도 악플이 그렇게 많을 수 없다. 나라에 대한 비관과 불평이 좋은 방향으로도 흘러갈 수도 있지만 대부분 고통 속에서 몸부림치며 자신까지도 비관적으로 만든다. 자기 불만족은 삶의 질을 떨어뜨릴 뿐이다. 모든 것이 우울하고 무기력해진다. 그것을 극복하는 것에는 분명히 음악이 효과적이다.

음악은 단순히 듣기만 하더라도 마음의 안정을 주는 것에 많은 도움을 준다. 그리고 다른 사람들에게 감동을 얻는 음악을 하면 성취감을 이룰 수 있다. 그것은 자존감을 회복시켜 준다. 자아성취감은 곧 행복으로 이어질 수 있다.

음악산업, 당신도 도전할 수 있다

음악은 우리의 삶과 매우 밀접한 관계를 맺고 있다. 현대인은 실로 다양한 음악을 매일 듣는다. 아침에 잠을 깨우는 알람 벨소리와 립스틱을 사러 갔다가 화장품가게에서 무심코 듣는 최신가요, 텔레비전과 라디오 방송에서 흘러나오는 노래, 심지어 친구가 벨소리로 설정한 아이돌의 노래까지 일상생활 속에서 듣는 음악의 종류는 매우 다채롭다.

음악을 듣는 목적 또한 다양하다. 지루함을 달래기 위해서 혹은 기분 전환을 위해서 음악을 듣는다. 곧 음악을 능동적이고 적극적으로 찾아서 듣는 것이다. 반면 우연히 방문한 블로그에서 음악을 듣거나 무심코 길거리를 걸어갈 때 들리는 음악들처럼 피동적으로 음악을 듣는 경우도 많다.

음악은 노래, 연주, 디지털 사운드 등 다양한 형태로 존재해왔으며, 사람들이 음악을 접하게 되는 경로는 시대에 따라 점차 변화해왔다. 예전에는 실제 공연을 통해서만 음악을 들을 수 있었지만, 기술의 발전으로 인해 레코드판이 출현하면서 음악을 저장해서 아무 때나 들을 수 있게 되었다. 이후 라디오, TV 등의 방송 미디어가 등장하면서 음악은 더욱 대중화되었고, 카세트테이프와 레코드판을 CD가 대체하면서 음악은 디지털화를 겪기 시작했다.

대부분의 음악은 MP3와 같은 디지털 파일, 즉 음원의 형태로 이용되고 있으며, 인터넷과 휴대전화를 통한 스트리밍 서비스나 다운로드와 같이 새로운 방법을 통해서 전달되고 있다. 즉, 디지털 기술의 발달과 디지털 기기의 보급으로 인하여 음악을 접하는 경로가 다양해졌고, 일상생활과 더욱 가까워진 것이다.

음악의 종류와 그 감상하는 방식이 다양하듯이 음악을 바라보는 시각도 관점에 따라 여러 가지가 존재한다. 그중 경제학적 관점에서 볼 때, 음악은 일종의 문화상품 또는 문화콘텐츠에 속한다. 음악이 산업화되기 이전에는 음악을 예술작품으로 보는 견해가 지배적이었다. 따라서 음악을 경제적 가치로 평가하는 것은 금기시되었다. 하지만 레코드 산업의 등장과 활성화를 통해서 음악이 경제적 이익을 창출하는 수단으로 활용되기 시작하자 이러한 시각도 변화했다. 이처럼 문화상품의 산업적 측면을 연구하는 것을 미디어 경제학에서 엔터테인먼트 산업이라고 한다.

점차 성장세를 이어가던 음반 산업은 2000년대에 들어서면서 점차 하락하게 되었다. 이는 음반 산업의 위기로 인식되었으며, 음반 산업이 쇠퇴함에 따라 가수와 작곡가 또는 음반제작자가 사라질 수 있다는 주장이 나오기도 했다. 하지만 음반 산업이 불황을 겪는다고 해서 음악을 좋아하는 사람들이 사라지거나 음악이 사라지는 일은 없다. 돈을 목적으로 하지 않고 순수하게 음악을 사랑하는 사람들은 꾸준히 음악을 할 것이기 때문이다. 역사적으로도 한 나라가 망했을 때도 음악은 그다음 시대까지도 남아있고 이어져 왔다. 음악은 이 지구가 생명력을 이어가는 한 세상에서 없어질 일이 결코 없다.

그렇기 때문에 음악 산업은 뛰어난 문화콘텐츠 상품을 다루고 21세기를 주도할 새로운 성장 동력으로 작용할 것이라는 기대를 받고 있다. 문화콘텐츠 산업은 고부가가치를 창출할 수 있는 미래형 산업이라는 점에서 주목을 받고 있다. 또한 문화콘텐츠 산업은 상품을 판매함과 동시에 문화적 영향력을 갖게 된다는 측면에서 한 사회에 매우 큰 영향력을 미친다.

과거 작곡가나 연주가가 개인으로 활동하던 시대와 달리 수많은 엔터테인먼트 회사들이 집단적으로 활동할 수 있는 시대가 되었다. 또한 CJ E&M 같은 대기업의 형태도 세계 곳곳에서 심심치 않게 나타나게 되었다. 이들은 다양한 방송이나 디지털 플랫폼 등에 콘텐츠를 만들어 제공하여 세계의 문화 콘텐츠 산업을 주도하고 있다. 또한 고양시에 대규모 문화콘텐츠단지를 조성하고 각 도처에도 문화콘텐츠진흥원을 만들고 있으며 판교에서는 경기문화창조허브도 성황리에 사업이 진행되고 있다.

음악 산업은 지금도 끊임없이 변화하고 있다. 새로운 음악이 나와서 히트를 치는가 하면, 기존의 음악이 새롭게 해석되어 큰 인기를 끌기도 한다. 또한 새로운 가수들이 출현해서 스타로 인정받기도 하고 기성 가수가 꾸준히 인기를 유지하기도 한다. 소비자인 대중의 취향도 고정적이지 않고 다양한 변수로 변화하고 있다.

노래 한 곡이 히트하는 것만으로도 제작자, 가수가 벌어들일 수 있는 수입 규모가 매우 커졌다는 점에서, 음악이라는 문화상품을 다루는 음악 산업은 경제의 논리가 적용될 수 있는 분야다. 사람의 마음을 쉽게 움직일 수 있는 음악을 문화적 콘텐츠로 승화시켜 사업한다면 고부가가치 산업을 창출할 수 있다.

평생 남기는 특별한 경력, 자신의 곡을 유튜브에 올리기

지금은 인터넷의 시대이다. 내가 만든 음악을 혼자 인터넷에 유통하고 홍보하며 사람들에게 들려줄 수 있는 1인 레이블이 가능하다. 인터넷상에서 음원을 만들 수 있고 자신이 유튜브나 여러 가지 홈페이지를 통해서 직접 배워 만들 수도 있다. 또한 아티스트로서 데뷔를 하고 공연을 하는 것도 가능하다. 그리고 당신이 하는 페이스북이나 인스타그램, 네이버 블로그 같은 SNS 앱을 통해 직접 홍보하고 사람들을 불러모으며 곡을 알리는 것도 마음만 먹으면 할 수 있는 시대가 도래했다.

SNS 언어 중에서 유튜브 스타라는 말을 알고 있는가. TV에서만 나오는 미디어의 영향뿐만 아니라 1인 개인 방송을 하는 1

인 미디어이다. 지금은 기업들도 영향력 있는 1인 미디어에 관심을 갖고 주목한다. 인터넷 환경에서 누구나 특별한 진입 장벽 없이 정보를 생산, 가공하고 의견을 자유롭게 표출하는 세상이 만들어짐으로써 팬덤Fandom: 특정 인물이나 분야를 열성적으로 좋아하는 사람들의 힘으로 1인 미디어가 사회적 문화로 정착하게 되었다. 인기 있는 채널의 경우 수천만 명의 팬을 거느릴 정도이며, 1인 방송 채널이 웬만한 기존 방송사 시청자지수를 능가하는 상황까지 온 것이다. 이들은 시공간을 초월하여 글로벌 스타 못지 않은 인기를 누리며 비교적 비용이 저렴하고, 정보를 쉽게 파급시킬 수 있다.

예전에는 음반 시대였다. 100만, 200만 장도 거뜬히 팔았었다. 하지만 지금은 음원시대로 넘어왔다. 음반보다는 스트리밍을 주로 듣는 시대이다. 그리고 한 음반에 8곡에서 12곡까지 들어있던 음반들에서 한두 곡 정도의 음원이 실린 싱글 음반도 많이 발매한다. 심지어 디지털 싱글이라고 해서 CD 없이 음원으로만 유통하는 시대가 왔다. 멜론에 가보면 1, 2곡 정도의 음원이 실린 음반을 다수 볼 수 있으며 대부분 한 곡을 집중적으로 홍보한다.

누구나 1, 2곡만 만들어서 직접 유튜브에 등록하면 작곡가가 될 수 있다. 또한 더 나아가 유통사를 통해 멜론이나 네이버뮤직 같은 곳에서도 등록하는 것이 충분히 가능하다. 꼭 예술학교의 졸업장을 제출하거나 자격증을 제출할 필요가 전혀 없는 것이다. 마음만 먹고 열의만 있다면 음악을 내 손으로 직접 만들어 보고 그것을 유통하고 홍보할 수 있다. 이것이 1인 레이블 시대에 가장 큰 장점이다.

그럼 음반제작을 하려면 어떻게 해야 할까? 음반제작에는 크게 음원 제작, 자켓, 홍보 자료 제작 및 심의, 저작권, 실연권 등록 등의 과정이 필요하다. 그리고 홍보 자료 제작과정의 순서는 자켓 작업, 홍보 기사 작성, 유통사 계약, 홍보 및 마케팅 계획, 발매일까지도 결정할 수 있다. 방송국의 방송도 머나먼 남의 이야기가 아니다. 방송국 심의 신청도 직접 할 수 있다. 신문 기사까지도 직접 만들어서 의뢰할 수 있는 것이다. 더 전문성을 원한다면 신문 기사도 기자를 두어 홍보 자료를 제작할 수 있다.

1인 레이블은 곧 1인 프로듀서라는 이야기이다. 당신의 레이블로 당신이 프로듀서가 되어 음반을 발매할 수도, 멜론에 발표할 수도 있다. 21세기의 정보화 시대에서 컴퓨터 음악의 툴이 발달되었고 그에 따라 홈 레코딩이 가능하게 되었다. 이러한 변화들로 인해 직접 만들고 유통할 수 있는 시대가 되었다는 이야기이다.

물론 작업 결과물의 퀄리티가 작업자의 역량이나 몰입도의 수준, 들이는 시간에 따라 편차가 천차만별일 수 있다. 하지만 인내를 가지고 다방면으로 배우고 익히며 많은 공부와 실습을 할 수 있다면 좋은 결과물을 낼 수 있다.

반대로 작곡을 작곡가에게 의뢰하거나 기존에 있는 곡을 연주해서 유튜브에 올릴 수도 있다. 음악에는 규칙도, 법도 제한되어있는 것이 없다. 다만 나의 생각이 뚜렷하게 담겨있고 나의 개성과 감성이 녹아있는 음반을 발매하는 것만으로도 당신에겐 특별한 경력이 될 수 있는 것이다.

고정관념을 버리고 속도보단 방향이라 생각하며 꾸준히 노력한다면 나만을 위한, 나만의 곡을 만드는 것이 가능하다.

유튜브에서 더 나아가 멜론이나 네이버뮤직에 등록하는 것을 목표로 삼았다면 유통사를 정하고 썸네일 및 CD를 함께 준비하면서 자켓 제작에 착수해 본다. 물론 음원을 전부 완성한 후 시작해도 되지만 원하는 발매 일자가 있다면 최소 3개월 전에 유통사를 미리 선정하고, 발매 일정을 정해두는 것이 좋다. 사랑하는 사람의 생일이나 이벤트를 위해서 만드는 음원이라면 꼭 이 부분을 챙겨서 만들도록 하자. 유통사는 주로 유통하는 음악의 장르나 유형마다 다르며 '한국음반산업협회'는 직접 유통을 할 수 있도록 도와주는 사단 법인이니 이 협회를 알아보는 것도 좋은 방법이다.

음원만 유통한다면 온라인상의 노출할 썸네일만 만들어 홍보하면 된다. 그러나 CD를 함께 유통한다면 CD제작 포맷에 맞는 자켓 작업을 같이 만들어야 한다. 이것은 포토샵이나 일러스트, 그리고 사진기를 잘 다룬다면 직접 도전하는 것도 좋다. 처음부터 끝까지 당신의 손을 거치지 않은 부분이 없는 것이다.

유통사가 정해지면 국내 음원 사이트 및 오프라인 유통은 따로 신경 쓰지 않아도 되지만 '아이튠즈'는 애플에서 만든 프로그램으로 국내의 한국음악저작권협회와 협약이 맺어져 있지 않다. 분배 방식도 국내 유통사와는 다른 구조이기 때문에 확인해서 다른 방법으로 유통해보자.

노래방에도 내 곡을 직접 등록할 수 있다. 노래방 기계 업체 중 가장 많이 알려진 금영과 TJ미디어, 두 사이트에서 신청하는 방법이 가장 좋다.

음원 유통 및 발매 준비를 마친 후엔 방송국 심의 신청이 가능하다. 방송사별로 심의 규정을 통과한 음반만 방송할 수 있기 때문에 심의 신청을 하는 것이 좋다. 보통 심의의 기준은 노래 가사와 뮤직비디오이다. KBS는 '한국음반산업협회'에서 신청할 수 있으며, MBC와 SBS는 직접 방문하여 심의를 신청한다. 물론 심의 신청 대행업체도 있기 때문에 대리접수 또한 가능하다.

기획사나 제작사들은 사업가이며 수익을 극대화하는 것이 목적이다. 하지만 우리와 같은 음악을 사랑하고 음악을 만들고 그 자체에 희열을 느끼는 사람들은 음악가이다. 사업가와 음악가는 그 출발점부터가 다른 것이다. 음악 산업이 점점 힘들어진다고 해도, 지금보다 더 열악한 상황이 온다고 해도 음악이 사라지지 않기 때문에 음악가는 영원히 존재할 것이다.

모든 인간은 음악을 가슴속에 품고 함께 세상에서 살아가고 있기 때문이다. 오히려 이익만 추구하는 사업가들은 사라지고 진정한 음악가들만 남아있는 세상이 올지도 모른다. 미디어의 발달로 사업가의 도움 없이도 스스로 음악을 만들고 배포할 수 있고 홍보도 할 수 있다.

당신 또한 평생 남을 특별한 경력을 이 세상에 직접 남길 수 있는 것이다. 자신의 곡을 유튜브에서 혹은 더 나아가 멜론, 네이버뮤직에서 들었을 때 희열이 얼마나 클지 상상해보라. 누구든지 할 수 있다. 도전해보자.

나의 이야기가 콘텐츠와 비즈니스가 될 수 있다

제러미 리프킨Jeremy Rifkin이 쓴 『소유의 종말』에서 서비스와 경험에 대한 접속은 물건에 대한 소유보다 경제권을 쥐게 될 것이라고 말한다. 소유권의 시대는 막을 내리고 접속의 시대가 열릴 것이라고 주장했다. 클라우드 환경에서 개별 콘텐츠에 대한 소비가 아닌 접근성에 지불하는 패러다임으로 변화하고 있는 것이다.

과거를 생각한다면 CD나 테이프, 그리고 포스터를 방안 곳곳에 붙여가며 팬심을 자랑했다. 물질적으로 소장하고자 하였으며 그것을 뿌듯하게 여겼다. 그러나 인터넷의 속도가 빨라지고 쉽고 간편하게 단축됨에 따라 가상의 현실에 남겨두고 '접속'으로 돈을 지불하는 패턴이 됐다.

이렇게 TV나 라디오, 신문 같은 매체를 사용하지 않고도 1인 미디어로 자신만의 콘텐츠를 만들 수 있다. 1인 미디어의 콘텐츠가 B급 수준일 것이라고 생각한다면 큰 오산이다. 참신하고 재미있으며 시대의 스토리를 담은 콘텐츠가 늘어나고 있으며 보다 친숙하고 효과적인 마케팅으로 변하고 있다. 그렇기 때문에 나의 이야기가 대중들에게 공감을 줄 수 있는 것이다. 그리고 나의 스토리를 1인 미디어로 활용한다면 인터넷을 통한 공유가 활발하게 이루어져 최저의 비용으로 최고의 효과를 볼 수 있다. 요즘은 진심을 담은 각자의 스토리가 빛나는 시대이기 때문이다.

유튜브를 통해 인기를 얻은 가장 유명한 스타는 '싸이'일 것이다. 가수 싸이가 세계 최대 동영상 사이트 유튜브에서 구독자 1천만 명을 돌파했다. 유튜브 공식 채널 구독자가 1천만을 돌파했을 때 유튜브 본사 측으로 '다이아몬드 플레이버튼'을 수상했다. 이 수상은 단일 아티스트로서는 아시아에서 최초이며 이 방송으로 인해 한국이라는 나라에 국한되지 않았을 뿐 아니라 전 세계로 싸이의 노래가 울려 퍼지고 사람들에게 사랑받는 곡이 될 수 있었다는 것이다.

당장 나의 이야기를 페이스북이나 인스타그램 같은 SNS에 올려도 비슷한 효과를 볼 수 있다. 굳이 사람들에게 일일이 음원을 팔지 않더라도 SNS 글 한번에 음원 조회수가 올라가는 것이다.

네이버에 감성충전판이란 항목을 본 적이 있는가. '그라폴리오'는 전 세계 크리에이터들의 멋진 작품을 발견하고, 공유하고, 심지어 사고 팔 수 있는 크리에이티브 콘텐츠 커뮤니티이다. 가능성 있는 크리에이터들의 작품이 더 많은 사람들에게 노출될 수 있도록 지원하고 있는 곳인데 오프라인시장에 취약했던 음악인들뿐만 아니라 음악을 사랑하는 누구나 창작활동을 공유하고 많은 팬들을 만나서 수익을 창출할 수 있는 곳인 것이다.

온라인에서 작사, 작곡 등의 재능을 가진 사람들이 만나서 협업할 수 있는 공간을 만들어 누구나 사유롭게 자신이 부른 노래와 반주, 노랫말 등을 올리면 다른 사용자들이 추가적인 요소들을 결합시켜 새로운 음악을 만드는 공간도 있다. 이 플랫폼들을 활용한다면 더욱 유기적으로 음악을 만들 수 있을 거라 생각된다. 그리고 그 곡들을 특허와 저작권만 공고히 다져 놓는다면 국내에서는 물론 해외 어디에서도 유통할 수 있는 장소가 바로 인터넷이다.

또한 당신은 뮤직비디오도 직접 만들 수 있다. 스마트폰의 시대에서는 스마트폰으로 영화를 찍어 공모전에 당선된 사례도 여럿 있으며 스마트폰 영화제도 따로 있을 정도이다. 누구나 갖고 있는 스마트폰으로 영상을 만든다는 것은 영상 또한 전문가의 영역이 아니라는 것이다. 아이디어와 센스, 그리고 당신을 보여줄 수 있는 깊은 감성을 표현할 수 있다면 다양한 방법으로

뮤직비디오를 만들 수 있고 인터넷에 공유할 수 있는 것이다.

대중에게 사랑받는 곡을 분석해보면 보편성과 특수성을 동시에 갖고 있는 경우가 많다. 나의 이야기로 특수성을 가지면서도 대중들에게 공감할 보편성을 담아 만든다면 콘텐츠로 만드는 것은 좀 더 쉬울 수 있다.

전문 연주자에게 울려퍼지는 나의 자작곡

가수들과 댄서들, 플룻 연주자들이 오면, 이들의 재능을 사도록 하라.
이들 역시 과일과 향료를 모으며 꿈을 좇아 살지만,
이들이 가져다주는 이 꿈은 여러분의 영혼을 위한 의복이며 음식이기 때문이다.
– 칼릴 지브란(Kahlil Gibran)

전문가란 무엇일까. 전문가는 어떤 분야에서 그 일에 종사하거나 연구를 하며 그 분야에 상당한 경험과 지식을 쌓은 사람을 말한다. 어떤 일도 마찬가지겠지만 비전문가와 전문가의 차이는 얼마나 시간과 노력을 쏟았느냐 안 쏟았느냐의 차이이다. 연주자들의 하루 일과는 연습으로 시작해서 연습으로 끝난다. 유명 연주자들은 그 명성을 얻기까지 같은 곡을 몇천 번씩 반복하며 기량을 늘리기 위해 투자한다. 그리고 공연을 하며 많은 경험을 쌓고 쌓아 공연 때마다 최선을 다한다.

연주자들은 연주하다 보면 종종 행복한 황홀경을 느낀다고 한다. 무대 위에서 스포트라이트를 받으며 연주를 통해 관객과 함께 호흡하며 황홀경을 겪는 것이다. 이것은 매번 일어나는 것은 아닐 수 있지만 연주에 빠지다 보면 종종 겪는 현상이다. 악기들이 영혼의 목소리로 말을 걸며 인간의 심정을 마음 깊이 느끼며 표현해내는 것이다. 이것은 음악을 사랑하고 음악에 힘과 시간, 그리고 정신을 쏟는 모든 사람이 느낄 수 있는 경험이다.

특히 전문 연주자들은 악기와 사랑에 빠진 사람들이 많다. 시인이 언어와 사랑을 나누고, 화가가 색채와 사랑을 나누는 것처럼 무대 위에서 악기와 사랑을 나눈다. 연주자가 연주에 빠져있는 공연을 보면 남녀 간의 나누는 사랑을 훔쳐보는 듯한 느낌이 드는 경우도 있다. 연주자의 고뇌에 빠져있는 표정에, 기쁨에 찬 표정에, 그리고 좌우로 흔들거나 맹렬히 움직이는 동작에 에로틱한 느낌이 드는 것이다. 전문 연주자들은 이렇게 모든 음악을 표현하는 것이 능숙하다. 음악의 소리를 본능적으로 표현한다.

하지만 비전문가와 전문가의 차이 중 가장 큰 것은 '떨림'이다. 이것은 연주가에게 '긴장'과 '불안'을 준다. 긴장이 많이 되는 연주일수록 시야가 좁아지고 청중과 호흡하기는커녕 악보조차도 제대로 보지 못해서 내가 어디를 연주하고 있는지 놓치고 만다. 홀을 둘러 볼 시간조차 없으며 음악에 빠지는 시간은 더더욱 갖질 못한다. 오직 악보만 보는 것도 벅차고 음표조차도 놓치면 반주는 가고 있는데 적막이 머리에 땀방울과 같이 흐르게 되는 것이다.

이럴 때는 전문 연주자의 손길을 빌리는 것을 추천한다. 당신의 곡이 몇만 배는 좋아질 수도 있다. 그들은 음악의 길을 간 순간부터 시간의 대부분을 음악에 매진한 사람들이다. 작곡의 감성이나 기술과는 다른 시간의 나이테를 자신의 몸에 장착하고 있는 것이다. 이 시간의 흐름을 재능으로만 메우기는 어느 누구도 힘들다. 특히 연주 부분은 그 차이가 현격히 드러난다.

전문 연주자의 기술과 기교가 멋있다고 해서 아미추어 연주자가 그것을 따라서 한다면 자칫 '어설픔'으로 보여지는 경우가 생길 수 있다. 물론 수많은 접시를 돌리며 외발자전거를 타는 서커스의 기교를 자랑하듯 빠른 운지나 현란한 손놀림의 기교만 집중하는 전문연주자들도 옳게 보이지는 않는다. 기교나 기술만이 절대적인 것은 아니다.

아름다운 소리와 깊은 울림을 가진 연주자를 만나야 한다. 이것은 학교, 유학경험 같은 객관적인 프로필만 봐서는 판단이 되지 않는다. 오히려 인격이 있고, 음악을 사랑하고 음악을 나누는 것을 즐기며, 무대 위에서 교감하여 감동을 주는 연주자를 만나는 것을 최우선으로 해야 한다.

작곡가는 연주가 끝나고 난 후 인사하는 시간을 갖는다. 무대 위에서 자신의 곡으로 청중과 교감하는 전문 연주인을 보고 있으면 전율이 흐른다. 연주자의 목소리에서, 손끝에서, 악기에서 표현되는 나의 감성을 함께 교감할 때 나 또한 황홀경을 느낄 수 있는 것이다. 작곡자로서 연주가 다 끝난 후 무대 위에 올라가 인사를 할 때 우레와 같은 박수소리를 듣고 있노라면 나의 삶은 환희가 가득해진다. 삶의 환희의 경험을 무대 위에서 느낄 수 있는 사람, 그건 당신도 될 수 있다.

누구나 즐길 수 있는

음악을 통한 워라밸

PART 05

악보 보는 직장인들

음악은 모방이다

좋은 예술가는 모방하고 위대한 예술가는 훔친다.
- 파블로 피카소

창의력이라 하면 무에서 유를 창조해내는 능력을 떠올리겠지만, 사실 대부분 모방에서 출발한다. 기존의 것을 자신의 스타일로 차용하거나, 남다른 방식으로 특정 요소를 덧붙이거나, 생략하는 능력도 창의력이다. 창작이라는 것은 두 가지 이상의 분야를 넘나드는 융복합의 능력도 포함되는 것이다.

물론 모방에서 만족하고 모방으로 끝난다면 성취는커녕 자칫 낭패를 볼 수 있는 것도 사실이다. 모방에서 재료를 얻고, 나의 감성을 더하며, 아이디어로 간을 맞추다 보면 내 것이 나온다. '하늘 아래 새로운 것은 없다'라는 말은 괜히 나왔겠는가. 모방은 새로운 아이디어와 영감을 불어넣어 준다.

T.S. 엘리엇은 "어설픈 시인은 남의 시를 흉내내지만 훌륭한

시인은 남의 것을 확실히 훔친다"고 했다. 모방에서 확실히 훔치고 그것을 내 것으로 만들어야 한다는 것이다. 자신만의 개성과 감성으로 재창작하여 새로운 것을 창조하도록 노력해야 한다. 우리가 아는 천재들도 적극적으로 모방하며 실력을 키워 나가고 자신의 작품을 위해 노력했다.

화가가 회화 아뜰리에에서 작업하는 그림은 천으로 덮어서 가리는 버릇이 있다. 이것은 피카소 때문이다. 피카소가 마티스나 샤갈의 작업실을 방문하여 그들의 작업을 본 후 자기 스타일로 바꿔 먼저 발표를 해버리곤 했다는 것이다. 몇 번 겪으며 분통을 터트린 화가들은 피카소가 올 때에는 그가 볼 수 없도록 천을 뒤집어 가리게 되었다고 한다.

우리가 고전 중의 고전으로 잘 알고 있는 셰익스피어도 실제로 셰익스피어의 희곡 가운데 순수한 창작은 몇 편에 불과하다고 한다. 대개는 당대의 유명한 여러 희곡이나 소설들을 각색한 내용이었고, 때로는 특정 구절을 그대로 쓴 경우도 있다고 한다. 셰익스피어가 당대에 '표절 작가'로 비난을 받았다는 사실을 알고 있는가. 당시에는 저작권이라는 개념도 모호하고 표절이나 모방은 흔했지만 말이다. 하지만 현대에는 셰익스피어의 프레임에서 벗어난 글을 쓸 수 없다고도 하고, 그의 예술적 가치는 현재도 함부로 하는 사람은 없다. 또한 유명한 고흐조차 밀레의 작품을 카피하면서 예술적 수준을 높였다고 한다. 고흐는 마네보다도 밀레를 더 높이 평가했고 밀레의 〈낮잠〉, 〈씨 뿌리는 남자〉, 〈첫걸음〉 등등 수많은 그림을 모방한 것이 지금까지도 남아있다.

생활 속에도 모방은 이루어진다. 아이들은 어른들이 쓰는 언어를 모방하면서 말을 배운다. 처음 음식을 배울 때 어머니의 레시피와 그 손맛을 배우게 된다. 직장에서는 직장상사의 사무처리 능력을 배우고, 집안 대대로 내려오는 생활 습관부터 심지어 결혼한 배우자의 습관까지도 습득하고 모방하니 모든 생활사는 모방으로 이루어져 있다고 해도 과언이 아닌 것이다.

모방을 부끄러워해서는 안 된다. 모방을 통해서 새로운 창조물이 나올 수 있다. 모방을 통해서 새로운 것을 만들기 위해 노력한다면 음악에 많은 도움이 된다. 레슨 과정 중에 무한도전에서 인기를 끌었던 처진 달팽이의 〈말하는 대로〉를 그대로 불러보고, 피아노로 연주하고, 작곡까지 수업을 한 적이 있다. 그 곡의 코드는 일반인들이 항상 익숙하게 들어왔던 코드진행들이었고, 멜로디 또한 어려운 기교가 없이 누구나 몇 번 들으면 따라들을 수 있는 쉬운 멜로디로 한때 노래방에서 차트 10위 안까지 들었던 노래이기에 가능했던 수업이었다. 그리고 〈말하는 대로〉의 가사는 오늘날 우리나라에서 사는 누구라도 공감하는 가사이기 때문에 이런 일기 같은, 삶의 고백 같은 가사와 멜로디를 본인의 느낌으로 창작을 하도록 하였다.

여기에서 느꼈던 것은 10년 동안 레슨했던 수많은 레슨생들에게 똑같은 과제를 준다고 해도 똑같은 결과물을 갖고 온 사람은 단 한 사람도 없었다는 것이다. 분위기는 비슷하고 공감되는 내용이 한정되어 있다고 생각하지만, 개개인의 감정과 생각이 표출되었을 때 똑같은 멜로디, 똑같은 가사가 나올 수가 없다. 몇천 년 동안 음악이 존재한다고 해도 현재까지 현존하며 새로운 음악과 장르가 쏟아져 나오는 이유도 그 때문일 것이다.

모방은 창작의 어머니이다. 아이들도 아빠와 엄마를 닮은 새로운 얼굴로 태어나듯, 모방도 나의 감정과 영감으로 새롭게 태어나는 것이다. 그러므로 모방을 두려워할 필요도 없고, 부끄러워할 필요도 없다. 오히려 모방하는 것을 두려워하여 아무것도 시도해 보지 못하는 것을 부끄러워해야 한다. 음악은 모방이다.

대부분 연주곡을 고를 때 자신이 할 수 있는 난이도에 좋아하는 곡을 고를 것이다. 여기에서 중요한 것은 그 곡의 원음도 함께 들으며 연주해봐야 한다. 그리고 그 연주자의 기교나 숨소리 느낌까지도 모방을 해보고 그다음 나에게 맞는 해석으로 연주를 해보기를 권한다. 영어공부를 할 때 영어 문장을 듣고 그대로 따라해보며 나중에 받아쓰기하는 것과 똑같은 이치라고 생각하면 된다. 여기에 더 나아가서 그 문장을 실생활에 써보는 것처럼 나만의 해석으로 연주한다면 그 곡은 모방으로만 끝나는 것이 아니라 나만의 곡이 될 것이다.

죽음과 소녀 Schubert, String Quarter No. 14 D. 810, Death and the Maiden

일상생활에서 즐기는 달콤한 음악 감상

일상에서 음악은 어느 정도의 부분을 차지하고 있는가. 일어나자마자 음악을 듣고 생활하며 생활의 한 부분인 사람일까. 아니면 출퇴근 시간만이라도 음악을 들으며 그 시간을 즐기는 사람일까. 음악을 듣는다는 것을 크게 생각하는 것 없이 길거리에서나 카페에서만 가끔 들으며 유행가조차도 모르는 사람일까. 어떠한 사람이든 하루종일 음악을 듣지 않는 것이 불가능하다. 하다못해 무의식적으로 보는 드라마나 TV에서 흘러나오는 OST가 귀에 꽂힐 수도 있기 때문이다.

여기에서 다루고 싶은 주제는 무의식적으로 듣는 음악이 아니라 일상생활에서 적극적으로 듣는 음악 감상에 대한 이야기이다. 그리고 그 음악 감상 능력이 당신의 일부분으로 자리 잡길 바란다. 감상 능력의 습득이 음악 능력 계발에 중요한 부분을 차지하고 있기 때문이다. 그러므로 작곡을 하기로 마음먹은 우리들은 음악 감상을 중요하게 생각하고 다루어야 한다. 음악 감상을 하는 능력이 높아짐에 따라서 악기를 연주하고 작곡을 배우는 시간이 점점 단축될 수 있기 때문이다.

앞서 이야기했듯 감상능력이 높아짐에 따라 음악 능력 계발이 순조로워진다. 대부분의 사람들은 전문성을 가진 음악인들만큼 음악 감상 능력을 갖추고 있지만 감상 능력을 겉으로 표현하지 못해 어느 정도의 능력을 갖추고 있는지 인식하지 못하는 것뿐이다.

음악 감상을 하면 유익한 점이 많이 있으나 그중에 좋은 점은 타인의 말을 경청하고 이해하는 태도가 좋아진다는 것이다. 음악을 들을 때는 소리 내어 말하는 것보다 귀를 기울여 듣게 된다. 이것은 사회생활을 할 때에도 영향을 미치며 말을 많이 하기보다는 경청하는 태도를 몸에 익힐 수 있다.

그리고 음악의 감정적 위력을 무시하기보다는 활용하는 것이 정서 순환에 좋다. 음악을 감상하면서 지속적으로 감정을 순환시키면 긍정적인 자신을 느낄 수 있다. 그리고 그 감정의 위력은 여러 가지 광범위한 창조적 활동의 자극제로도 사용할 수 있다.

당장 보고서를 제출하고 그에 따른 스트레스가 온몸을 지배해 올 때 음악 감상을 해보자. 편안하게 하는 음악도 괜찮고 스트레스까지 날려버릴 비트있는 EDM도 괜찮다. 감정을 안정시키면서 당신의 뇌를 자극할 수 있다. 사람들은 종종 다른 활동을 하면서 음악 활동을 함께할 때 뇌의 신호를 좀 더 폭넓게 사용할 수 있다.

그리고 음악 감상 능력은 듣는 것뿐만 아니라 그 연주와 작품에 대한 평론을 해보는 것이 무엇보다 중요하다. 평론을 나눈다면 서로의 감정의 스펙트럼을 더 넓힐 수 있다. 그리고 그 토론의 장을 가족과 함께해본다면 음악을 통해 서로의 관점의 각도 차이를 이해할 수 있다. 같은 곡이라도 같은 느낌을 받는가 하면 서로의 감정과 상황, 나이, 세대에 따라 다르게 느껴질 수 있기 때문이다. 이런 것들을 함께 나누고 공유한다면 각자의 관계에 있어서도 서로 이해하는 폭이 넓어질 수 있다. 가족과 더욱 친밀해지는 시간을 갖게 됨으로써 서로를 바라보는 시각도 부드러워지게 될 것이다.

좋아하는 음악을 선정해보자. 가요일 수도 있고 팝일 수도 있고 재즈일 수도 있지만 처음에는 클래식을 권장한다. 클래식이 가장 많은 정보를 손쉽게 접할 수 있기 때문이다. 그리고 나눌 수 있는 주제의 폭도 넓고 깊게 파고들 수 있다. 음악을 정한 후 그 작곡자의 생애나 이 곡을 만들 때의 영감에 대해서 알아보도록 하자.

예를 들어 현악사중주 〈죽음과 소녀Schubert, String Quarter No. 14 D. 810, Death and the Maiden〉를 들어보자. 누구에게나 죽음은 공포고 불안이고 이것은 슈베르트도 역시 느꼈던 감정이다. 1824년 슈베르트가 사망하기 4년 전에 완성한 현악 사중주 〈죽음과 소녀〉는 그의 나이 스물일곱 살 때의 작품이다. 그리고 이 곡을 완성하기까지 2년이라는 세월이 걸렸다. 그만큼 죽음에 대한 깊은 고찰과 불안, 심혈을 기울이는 작곡가의 감정들을 느낄 수 있는 작품이다. 이런 감정들을 같은 공간에서 같이 음악을 들으며 나누어 보는 것은 어떨까? 그리고 죽음에 대하여, 고통에 대하여 쉽게 토론하며 서로에 대한 생각을 들어 볼 수 있을 것이다.

우리가 하는 평론은 거창한 것이 아니다. 공연을 보고 리뷰를 하듯 음악을 듣고 감상을 나누어 보는 것도 평론이 될 수 있는 것이다. 그리고 자녀들과도 이런 깊은 주제에 대한 고찰을 나눠보면서 낭만주의의 대표적인 슈베르트에 대해서도 나눌 수 있을 것이다. 그리고 슈베르트가 살았던 그 시대의 상황에 대해서도 서로 나눠보고 찾아보며 자연스럽게 역사 공부까지도 나눌 수 있다.

음악이라는 것은 그런 것이다. 작곡자의 생애와 그들이 만든 음악이 밀접하게 연관되어있는 경우가 많다. 음악만큼 삶과 비슷한 예술도 없기 때문에 삶을 나눌 수 있는 계기를 제공한다. 음악 감상은 음악의 구조나 전달되는 1차적 감정 뒤에 나의 환경에 빗대어 느껴지는 2차적 감정이 또 다시 들 수 있다. 무의식중에 느끼지 못했던 갇혀있던 나의 감정들이 표현될 수 있는 장을 마련하는 것이 음악 감상의 포인트인 것이다. 그리고 함께 공유되는 느낌을 나누면서 서로 경청하는 자세를 배우게 되고 상대방을 이해하는 폭이 넓어진다.

기타,
한번 도전은 해봤나?

1970년대 말, 대학의 풍경을 찍은 사진을 본 적이 있는가. 그리고 그때의 문화를 추억하는 사람들이 있을 것이다. 1970년대의 대학문화를 꼽으라면 청바지를 입고 다방에서 음악을 들으며 커피를 마시고 너도나도 통기타를 등에 메고 배웠었던 시절이었을 것이다. 딴따라라고 혼내시는 부모님께 반기를 들면서도 손에 물집이 잡히고 아파도 6줄의 하모니에 심취해 있을 아련한 추억 말이다. 지금도 문득문득 괜히 쓸쓸해지고 마음이 서늘해질 때 방구석에 놓인 기타를 통해 마음을 어루만지는 시간을 가질 수도 있다. 윗집, 옆집에 들릴까 봐 크게 연주하진 못하지만 예전에 외웠던 한 소절의 가락을 뽑아 밤을 적신 적도 있을지 모르겠다.

요즘만큼 기타배우기가 좋을 때가 없다. 집 밖에만 나가면 상가에 하나씩 실용음악학원이나 기타학원을 심심치 않게 찾아볼 수 있다. 그리고 주민자치센터나 문화센터, 도서관에서도 쉽게 기타수업을 받을 수 있다. 또한 기타 조율부터 시작해서 코드와 노래들을 연습시켜주는 레슨 앱들 그리고 인터넷 강의까지 스스로의 의지만 있다면 기타를 배워서 연주하는 것도 예전만큼 어렵지 않은 시대가 왔다.

현대의 기타는 대중적으로 정형화된 모습으로 보급됐지만 각 나라의 민속적 외형을 갖고 널리 퍼져 있는 악기이다. 기타가 악기로 쓰이게 된 것은 BC 3000년경으로 추정된다고 한다. 그래서 클래식 악기로도 들어와 쓰이지만 각 나라의 민속 음악에도 널리 쓰이는 악기이다.

기타는 손으로 직접 튕기는 핑거스타일 주법과 피크를 사용하여 연주하는 스트로크 주법이 있다. 둘 다 각자의 매력이 있으니 둘 다 도전해보는 것도 좋은 방법이다. 초보자에겐 어쿠스틱 기타가 줄 장력이 강하기 때문에 운지를 잡는 왼손이 물집이 잡히고 힘들 수 있으니 보통 피크를 사용하여 연주하는 주법부터 배우기를 추천한다. 또한 어쿠스틱 기타와 일렉트릭 기타는 소리로 볼 때 쓰임이 다르다.

일렉트릭 기타는 와우나, 딜레이처럼 여러 가지 소리를 변형

시키는 방법도 배워야 한다. 처음부터 어떤 종류의 악기를 어떤 주법으로 먼저 배우고 싶을지에 대해 고민하고 시작하는 것이 좋다. 하지만 대부분 초보자에겐 어쿠스틱 기타로 가장 기초적인 방법을 배우고 악력을 기른 뒤 다른 음색의 기타를 배우면 그만큼 내성이 생겨서 수월하기 때문에 어쿠스틱 기타부터 배우는 것을 추천한다. 기타를 어느 정도 배우면 어쿠스틱 기타, 일렉트릭 기타부터 가장 저음을 담당하는 베이스까지 어느 정도 칠 수 있게 된다.

기타도 가격이 천차만별이지만 보급용으로 파는 악기들도 초보자들이 연습하기에 나쁘지 않다. 또한 온라인수강을 들으면 악기를 무료로 대여해 주거나 주는 곳도 있으니 잘 찾아보고 자신이 맞는 공부 방법과 악기를 찾으면 된다.

기타를 시작하면 빠르면 한, 두 달 안에 한 곡 정도는 무난하게 연주할 수 있다. 다른 악기에 비해서 손이 아프고 물집이 잡힐 것이고 F 코드를 잡을 때 좌절할 수 있지만 꾸준히 하다 보면 연주할 수 있는 친숙한 악기다. 또한 갖고 다니기에도 유용하고 그룹수업이 가능하기 때문에 나중에 방과후 교사나 문화센터에서 강사를 하는 것도 가능하다.

취미로 하고 싶은 악기를 하나라도 다루기로 마음먹었다면 이제는 실천에 옮겨야 할 때이다. 시작이 반이라는 말이 있듯이 일단 학원이나 동호회를 찾아가보자. 아니면 집에 컴퓨터를 켜고 악기까지 보내준다는 온라인 수강에 결제를 해보자. 외국 여행을 가려면 비행기 표부터 끊어야 하듯이 기타를 연주하기 위해서도 결단이 필요하다.

Autumn leaves - Stan Getz

색소폰, 그 중후한 멋

연말연시에 동창회 모임에서부터 각 지역별 축제의 행사자리에서 다양한 악기들이 연주를 뽐낸다. 피아노, 기타, 바이올린 등등 각종의 악기들이 시간대별로 공연하지만 그중에 단연 돋보이는 것은 중후한 멋을 드러내는 색소폰이 아닐까 한다. 각 지역별로 온라인이나 오프라인에서 색소폰 학원이나 동호회를 쉽게 찾을 수 있으며 학원에서 어느 정도 실력을 쌓은 뒤 동호회로 옮겨가도 된다.

색소폰은 1840년경 아돌프 삭스가 처음 고안한 목관악기이다. 금관으로 만들어진 것 같은데 목관악기라니 다들 의아해할지도 모르겠다. 색소폰은 목관악기로 들어간다. 그 이유는 마우스피스에 달린 리드가 나무로 만든 재질이기 때문이다. 즉 나무로 만든 리드에서 나온 울림을 금관을 통해 증폭시키는 금관과 목관의 중간쯤 되는 악기이다. 색소폰의 개발 목적이 오케스트라에 금관악기가 유입되어 힘을 잃은 목관악기를 보강해주기 위해 만든 것이라고 한다. 플룻도 현대에는 금속재질로 만들었지만 고전음악 양식에선 나무로 만들어졌기 때문에 목관악기로 분류된다.

악기의 재질은 대부분 황동이며 홑리드 악기이고 금의 함유량에 따라 소리가 좀 더 따뜻해진다. 그렇기 때문에 악기의 가격도 천차만별이다. 오히려 유명한 색소폰장인이 만든 인기있는 색소폰 브랜드는 해가 갈수록 비싸져서 색소폰 재테크가 일어나는 해프닝도 발생하곤 한다.

색소폰은 큰 음량과 아름답고 부드러운 음색을 지니고 있어, 심포니 오케스트라나, 재즈밴드부터 군악대와 콘서트 밴드까지 다양한 편성의 연주에 유용하다. 그리고 또한 MR이나 반주자를 동원한 독주 악기로도 널리 사용된다. 음역별로 여러 종류의 색소폰이 있고, 그중에서 알토 색소폰과 테너 색소폰이 가장 인기 있다. 각 음역별로 색소폰은 기본적으로 운지법이 동일하여, 한 가지 악기의 운지법을 익히면 다른 종류의 색소폰도 연주할 수 있다.

예를 들어 엘토 색소폰과 바리톤 색소폰은 Eb조 이조 악기이고 소프라노 색소폰과 테너 색소폰은 Bb조 이조 악기이다. 즉 엘토 색소폰을 배우면 바리톤 색소폰을 불 수 있고 테너 색소폰을 배운다면 소프라노 색소폰을 연주할 수 있다. 즉 우리나라에서 가장 인기 있는 엘토 색소폰과 테너 색소폰을 동시에 배우고 싶을 때는 각각의 운지법을 익혀야 한다. 운지법을 익히고 자세를 바르게 한다면 마우스피스에 리드가 있기 때문에 소리가 나는 것은 쉽다. 그대신 복식호흡을 하여 불어야 하며 연주할 때마다 피치에 신경을 써야 한다.

이렇게 중후한 멋을 갖고 있는 색소폰을 적극 사용하는 기업이 있다. 철강회사 중에 한 곳은 '기 살리기'를 통한 기업문화 가꾸기에 음악문화를 적극 사용한다. 철강 계열의 회사라 딱딱하다는 이미지를 갖는 기업이지만 기업 문화만큼은 자유스럽고 창조적이어야 글로벌 철강 전쟁에서 승기를 잡을 수 있다는 판단에 따른 것이다. 세미나실에는 재즈카페를 연상케 하는 공연용 드럼, 색소폰, 마이크와 스피커, 조명까지 갖춰놓고 행사마다 색소폰 공연을 한다. 당연 회사 내의 동아리는 활성화될 수밖에 없고, 색소폰은 연주하는 사람도 듣는 사람도 매료되는 마성의 악기가 된 것이다.

또한 색소폰 연주에 취미를 사진 사람들은 어느 정도 실력이 붙으면 연말연시 행사에 불려다니기 일쑤이다. 배우는 사람마다 조금씩의 차이는 있지만 적게는 1년에서 많게는 3년 안으로 각종 행사에 참여해 공연하는 것이 가능하다. 색소폰의 풍부한 음량, 멋드러진 바디, 리드의 미세한 떨림, 인터넷에서 쉽게 찾을 수 있는 반주로 쓰이는 MR까지 연말 모임 연주로 제격이기 때문이다. 초등학교 동창회나 송년회에 같은 곳에서 한번 연주를 해봤다면 곧 다른 모임에서도 무수한 요청이 들어온다.

색소폰은 악기 하나가 남녀노소 가리지 않고 매료시키는 매력이 있다. 또한 많은 사람들에게 즐거움을 선사할 뿐만 아니라 연주하는 사람에게도 듣는 사람에게도 깊은 인상을 심어준다. 색소폰은 또한 중년이나 황혼기의 나이에도 어울리는 중후한 멋을 갖고 있다. 우리나라에도 은퇴한 후 색소폰 동호회에서 함께 연주하고 공연하며 인생 황혼기를 즐기는 사람들이 부쩍 늘어가고 있는 추세이다. 그것은 멋들어진 악기의 특성도 있겠지만 색소폰이 건강을 지키는 일에도 한몫하고 있다. 나이가 들수록 폐가 중요하고 호흡이 가빠질 수 있는데 색소폰을 일정 시간 꾸준히 불면 폐가 튼튼해진다. 또한 색소폰 연습 중에서 한음을 가지고 호흡을 길게 끄는 연습을 하는데 복식호흡으로 하기 때문에 몸이 더 건강해질 수밖에 없다. 그리고 함께 모여 연주하고 즐기는 사이 점점 더 밝아지고 정서적으로도 즐거워진다.

피아노,
가장 익숙하고 가장 핫한 악기

계절마다 피아노학원에서 아이들에게 경험을 시키는 것 중 하나는 리사이틀이다. 어느 지역이든 어느 계절이든 아이를 피아노학원에 보내는 학부모라면 한 번쯤은 대견하게 지켜봤을 만한 일들이다. 하지만 요즘에는 피아노를 배우기 시작한 지 얼마 안 되는 '어른'들도 피아노 리사이틀을 연다.

여러 팀들이 있지만 LA한인타운 소재 이음카페에서 열린 피아노 학생 리사이틀을 소개하려 한다. 이날 평생 처음 리사이틀 무대에 오른 학생들은 40대 중년부터 은퇴를 앞둔 직장인, 또 비즈니스 오너, 이미 은퇴한 79세까지 연령대가 다양하기 때문이다.

배우는 학생들의 실력이야 연습 시간에 비례하여 프로 연주자들과 달리 부족한 점이 있었지만 그 감동을 카페의 작은 공간에 참석해주는 청취자들에게 전달하기엔 충분했다. 인생의 황혼기를 지나고 있는 이들은 어린 시절 피아노를 배우고 싶었지만 여러 가지의 상황으로 인해 배움을 갖지 못한 사람들이 대부분이었을 것이다. 하지만 지금에서야 남은 시간을 가장 젊은 시간으로 보내기 위해 피아노를 배우고 리사이틀 무대까지 서게 되어 행복해지는 것이다.

그렇다면 가장 친숙하지만 연주하기까지 오랜 시간이 걸리는 피아노를 한 곡이라도 가장 빠르게 폼나게 치고 싶다면 어떻게 해야 할까. 높은음자리표와 낮은음자리표의 구분조차 힘겨운 분들이라면 나는 코드 반주법부터 배워보라고 권한다. 이미 성인분들이 피아노를 친다면 손가락이 굳어 있다. 아이들이 일주일에 습득하는 양에 비해 2배가 걸린다. 그리고 혹시나 바이엘부터 시작한다면 아이들의 진도보다 2배 이상 걸릴 각오를 해야 한다. 그만큼 오랜 시간이 걸린다. 하지만 코드 반주법은 몇 가지로 한정되어 있고 영어단어 외우듯 외운다면 연주하는 것은 금방이다.

이제 코드 반주법을 공부하기로 마음먹었으면 반주법 표를 펴놓고 무턱대고 공부하기엔 예전 수능이나 토익을 공부했던 영어방식이 생각난다. 무턱대고 하루에 단어를 작게는 50개 많게는 100개씩 주입식으로 외우는 방식 말이다. 물론 이 방식이 맞는 분들은 코드를 이러한 방식대로 외우고 나서 반주법에 들어

가도 좋다. 아무리 코드가 많아도 이 세상의 영어단어의 100분의 1도 미치지 않기 때문에 마음만 먹어도 며칠 안에 금방 외울 수 있을 것이다.

하지만 내가 추천하는 방법은 영어단어 외우듯 외우는 코드가 아니라 악보 속에서 외우라는 것이다. 샵이나 플랫이 아무것도 들어가 있지 않고 으뜸음C이 도인 장조는 무엇인가? 장조로는 다장조라고 하고 C Key라고 한다. 클래식을 먼저 배운 사람들은 다장조가 익숙할 것이고 재즈나 코드를 먼저 접한 사람들은 C Key라는 단어가 익숙할 것이다.

C Key 중에서 〈원스〉 OST인 〈Falling Slowly〉를 먼저 연습하길 권장한다. 음과 코드가 쉽고 노래가 친숙하며 10년 가까이 레슨곡으로 들어왔지만 노래가 지겹지 않기 때문이다. 코드를 외우고 가장 기본적인 반주법에 맞춰서 연습을 해보면 된다. 그리고 손이 어느 정도 돌아가면 페달까지 밟아가며 노래까지도 불러보자. 새로운 세계가 열릴 것이다.

C Key에 나오는 코드들은 어떤 곡이든 모드가 들어 있는 독특하게 진행된 곡들이 아니면 비슷하다. 즉 C Key의 곡을 한 곡이라도 쳤으면 다른 C Key의 곡도 무난하게 칠 수 있는 것이다. 그렇게 플랫과 샵이 붙어있는 곡을 늘려간다. 플랫이 하나 붙으면 F Key, 플랫이 두 개 붙으면 Bb Key 이렇게 순서로 연습

하다 보면 익숙해진다.

C Key – F Key – Bb Key – Eb Key – Ab Key– Db Key – Gb Key – B Key – E Key – A Key – D Key – G Key

소위 말하는 5도권이라는 것인데 순서대로 외우면 좋다. 플랫이 4개가 붙는 Ab Key에서 샵이 4개가 있는 E Key까지가 조금 버거울 수도 있지만 이 구간만 잘 넘어가면 순식간에 고지가 보인다. 잘 쓰지 않는 복잡한 코드들이야 아직까지 한눈에 안 들어올지도 모르지만 친숙하게 계속 쳤던 Major Chord나 Minor Chord, Dominat 7 Chord는 코드보를 보고 초견으로도 바로 연주할 수 있는 것이다. 그리고 반주 위에 노래까지 하는 것은 덤이다. 노래방이나 인터넷에서 MR을 찾아가며 노래 부르는 것도 좋은 방법이지만 피아노만 있다면 어디든지 직접 연주하면서 노래 부를 수 있다.

한 가지의 악기를 연주하기 위해서는 어느 정도의 노력과 시간은 필수적이다. 음악을 습득하는 과정은 언어를 배우는 과정과 비슷하게 흘러간다고 생각하면 된다. 하지만 그 꾸준한 시간이 지나면 가장 익숙한 악기가 나의 인생에 가장 핫한 항목이 될 것이다.

음악이론,
뮤지션으로서의 대화

중국 왕징이라는 곳에는 코리아타운이 크게 형성되어 있다. 그곳에 통칭 '왕징 아줌마'라는 아주머니들은 중국에 10년을 살며 '팅부동'이라는 중국어 하나로 살아가는 분들이다. 하지만 중국이라는 타국 안에서 중국어를 모른 채 살 수 있었던 가장 큰 바탕은 조선족이 일하는 은행이나 기본적으로 한국어 메뉴판을 갖고 있는 식당들이 많은 코리아타운이기 때문이다. 중국에서 한국 사람들에게 '왕징 아줌마'와 같다는 말은 '중국어를 하지 못하는 안타까운 사람들'이라는 인식을 만들었다.

영어의 단어나 문법을 많이 암기한 사람이 영어가 유창하다고 생각하는가? 회화가 문법이나 단어의 양과 비례한다면 한국인들은 한국말보다 영어를 더 편히 사용할 것이다. 마찬가지로 음악이론을 잘 안다고 해서 좋은 곡을 쓴다는 보장도 없고 좋은 연주가 나온다는 보장은 더더욱 없다. 하지만 음악인들과 소통을 하기 위해서는 이론 정도는 알아두어야 한다. 음악을 하려면 악보를 보고 연주를 해봐야 한다. 연주하려면 혼자 독주로 연주하지 않는 이상은 함께 연주하는 일이 많다. 그러므로 내가 음악을 하기 위해서는 뮤지션들과의 커뮤니케이션은 피할 수 없다. 그들과 소통하기 위해서는 어느 정도의 이론은 알아두자.

이를테면 C key의 다장조 곡에서 C Major 하고 Gm7 – C7의 2–5를 넣어서 F key로 전조하는 것은 어떨까? 했을 때 "뭐, F key를 전을 부쳐 먹자고?"라고 하면 진행이 되지 않을 수 있다. 한바탕 웃음바다가 되고 넘어갈 수도 있는 상황이지만 이런 일이 계속 반복된다면 음악의 벽을 스스로 느끼며 한탄만 할지도 모르는 상황까지 올 수도 있다.

자신의 의도를 정확히 전달하고 싶을 때는 음악용어를 사용하여 적절하게 배치하지 않는 이상 그 에너지는 배가 들며 연주도 되지 못하는 불상사가 일어날 수도 있는 것이다. 그러므로 서로 대화를 할 정도의 이론은 알아두는 것이 좋다.

❶ 같은 코드네임	CMajor7 = CM7 =C△7 Cminor7 = Cmin7= Cm7

❷ 악보에 사용하기 유용한 용어	𝄞 : 높은 음자리표
	𝄢 : 낮은 음자리표
	𝄆 𝄇 도돌이표 : 다시 돌아가기
	𝄐 페르마타 : 그음을 2~3배 늘리기
	D.C. 다카포 : 처음으로 돌아가기
	D.S. 달세뇨 : 𝄋 로 돌아가기

코드 네임은 상징이다. 그러므로 알파벳이나 숫자, 이미지를 보고 화음의 느낌과 감성, 사운드를 떠올릴 수 있으면 좋다. ❷의 용어도 악보에 쓰이면 지구의 종이가 쓰이는 것을 아낄 수 있다. 또한 보면대는 A4용지를 2장 이상 올려놓기 힘들기 때문에 어느 정도 간추려 놓으면 보면대에서 한눈에 보면서 연주할 수 있다. 같은 부분을 한 번 더 반복하는 양이 많아지면 많아질수록 종이는 더 많이 쓰이며 나의 노동력도 더 들어간다. 하지만 그 부분을 도돌이표나 D.C., D.S. 같은 상징들로 한방에 끝낼 수 있다. 페르마타는 강조하고 싶은 음들을 더 길게 늘리고 싶을 때, 코인 노래방에서 괜히 한 번 더 길게 부르고 싶으면 특정음들을 지정해서 페르마타를 쓸 수 있다. 다카포와 달세뇨도 노동력을 줄이기 하기 위한 방법 중 한 가지인데 내가 가고 싶

은 방향을 지정할 수 있다.

그대신 D.C.나 D.S.를 두 번 이상 사용하는 것은 권장하지 않는다. 악보의 현장이 보물찾기의 지도처럼 미로를 빠져나오는 하나의 방법처럼 보일 수 있기 때문이다. 음악이 아무리 여행하는 느낌처럼 감정의 여행을 하는 것이지만 눈앞에 악보들로 여행할 필요는 없다. 오선지가 더 쓰여 지구의 나무가 안쓰러울 수 있지만 이럴 때는 아끼지 말고 한 번만 쓰자.

음악이론은 가나다라를 익히는 것과 똑같다. 물론 여행할 때 유용하게 쓰는 바디랭귀지라는 것이 있다. 눈짓과 손짓과 뼈를 깎는 눈치로 모든 것을 평정할 수는 있을 것이다. 하지만 음악을 더 깊이 빠져들다 보면 나도 모르게 그 음악이론을 알게 될 수 있다.

소개팅에 만났던 남녀가 사귀어 결혼까지 했을 때 그 데이터베이스는 얕은 지식에서 깊은 지식으로 쌓인다. 피상적으로 좋아하는 취미나 좋아하는 음식만 알았던 서로의 관계에서 부모님의 관계와 친척의 관계, 재산에 유무까지도 알게 되는 것이다. 그와 같이 빠져들다 보면 자연스럽게 체득되는 것이 음악이론이다. 무언가 수능을 보는 것처럼 달달 외울 필요는 없다. 그냥 자연스럽게 음악을 아끼고 사랑하며 호기심을 가져 보면 어느샌가 음악이론에 빠삭한 자신을 돌아보게 될 것이다.

작곡, 그렇게 어렵지 않아요

음악의 3요소는 멜로디, 리듬, 그리고 하모니다. 이 하모니가 바로 '화음'이라는 것이다. 화음이란 2개 이상의 음정을 동시에 연주하는 것이며, 화음을 구성하는 음정을 법칙에 따라 기호화한 것이 코드 네임이다.

뮤지션들 사이에선 머니코드라는 것이 존재한다. 말 그대로 돈이 되는 코드라 해서 붙여진 이름이다. 실제로 수많은 히트곡은 '머니코드'를 쓴 코드 패턴인 경우가 많다. 그리고 코드는 똑같이 한다고 해서 절대 저작권에 위배되지 않는다. 코드가 똑같다고 저작권에 걸린다면 현재 나오는 신곡들은 전부 다 이미 나온 음악들의 저작권에 걸릴 것이다.

지금 시대는 조금 나아졌겠지만 얼마 전까지만 해도 필드에서 뛰고 있는 많은 작곡가와 프로듀서들도 코드도 알지 못하고 곡을 작곡하여 히트곡을 치는 사람이 생각보다 많다. 재즈에서 에롤 가너Erroll Garner가 작곡한 〈MISTY〉라는 곡을 들어보자. 에롤 가너는 피아니스트임에도 불구하고 악보를 읽거나 쓸 줄 몰랐다고 한다. 이 곡을 작곡할 때 어떤 키로 작곡이 되는 줄도 몰랐다고 하니 지금까지 이렇게 널리 사랑받는 음악을 작곡했다는 것 자체가 신기할 수 있다. 물론 아무거나 연주했더니 히트곡이 되었다는 가벼운 얘기는 아니다. 악보를 알지 못함에도 불구하고 음악을 할 수 있는 좋은 귀와 재능이 있었다는 것이다.

이런 사람들을 '탑 라인 작곡가', 즉 음악의 메인 멜로디를 주로 작곡하는 작곡가라는 의미이다. 음악이론을 처음부터 끝까지 다 알아야만 할 수 있는 것이 아니라 자신이 가지고 있는 음악적인 잠재력을 표현해 줄 수 있는, 꺼내줄 수 있는 방법만 찾으면 당신도 작곡가가 되는 것이다.

머니코드는 1–5–6–4 그리고 그 머니코드의 대표적 변형이 피아노 치는 사람이라면 누구나 한 번씩 쳤다는 1–5–6–3으로 계속 발전해 나가는 요한 파헬벨의 〈캐논〉이다.

C–G–Am–Em–F–Em–F–G

분명 당신도 쓸 수 있고 익숙한 느낌의 코드일 것이다. 이런 명곡들이 수도 없이 나오고 현재까지도 나오고 있다. 같은 코드이지만 다른 리듬, 다른 가수와 감성, 다른 탑 라인 멜로디, 다른 편곡과 장르 등 수많은 변수들로 오늘날까지 사랑받고 있는 머니코드이다. 요즘의 팝과 가요는 새롭고 신기하며 참신하다고 생각되는 코드 진행이기보다는 계속 들었던 익숙한 코드 진행에서 새롭지만 낯선 어떤 감성과 멜로디로 승부를 보고 있는 것이다.

코드를 알고 그 코드 위에 나만의 멜로디를 흥얼거릴 준비가 되었다면 음악의 구조와 형식에 대해서 알아보자. 라디오에서 흘러나오는 가요의 대부분은 사람들의 머릿속에 인상을 또렷이 남기기 위해 많은 장치를 해놓았다. 그래서 한때 세상을 풍미했던 히트곡들은 처음 들어도 기억에 남는 인트로, 몸을 흔들게 하는 비트, 순식간에 온 감정을 무르익게 할 달콤한 화성과 멜로디, 그리고 공감되는 가사들이 모여서 완성된다. 심지어 맨 처음 한두 마디만 들어도 기억나는 인트로의 이미지로도 사람들은 그 곡을 알아채며 추억 속에 간직하여 평생을 좋아하는 것이다. 멜로디도 2~3회 듣다 보면 저절로 외워진다. 비트도 리듬 패턴을 약간씩만 변형하여 반복하고 있다.

예를 들어 벚꽃연금이라 칭해지는 '버스커버스커'의 〈벚꽃엔딩〉의 1절을 통해서 설명한다면,

Intro – 그대여 그대여 그대여 그대여 그대여

A ┌ 오늘은 우리 같이 걸어요 이 거리를
  └ 밤에 들려오는 자장노래 어떤가요 (oh yeah)

B ┌ 몰랐던 그대와 단 둘이 손 잡고
  └ 알 수 없는 이 떨림과 둘이 걸어요

C ┌ 봄바람 휘날리며
  │ 흩날리는 벚꽃 잎이
  │ 울려 퍼질 이 거리를
  └ (Uh–Uh–) 둘이 걸어요

C ┌ 봄바람 휘날리며
  │ 흩날리는 벚꽃 잎이
  │ 울려 퍼질 이 거리를
  └ (Uh–Uh–) 둘이 걸어요

– 〈벚꽃엔딩〉 中에서

벚꽃엔딩은 현대 대중가요들이 갖고 있는 기본적인 형식인 A + B + C + C의 형식을 갖고 있다.

친절하게 말하는 것처럼, 또는 내 자신의 마음을 읊조리는 듯한 상쾌한 A부분, 그리고 조금씩 자신의 감정이 퍼져나가는 느낌을 갖게 하는 B부분. 그리고 뒷부분에 약간 브레이크를 걸고 고조시키며 사람들의 마음을 사로잡는 호쾌한 C부분. 그리고 이 선율과 멜로디는 각인시키기 위하여 두 번을 반복하였다. 그렇게 인상적인 곡을 마무리하는 이 곡은 '벚꽃엔딩이 들리면 봄이 시작되고 음악이 거리에서 들리지 않을 때 봄이 끝난다'라는 명제를 만들게 되었다.

음악 중에서 대중음악은 후렴이 존재한다. 또한 노래가 1절과 2절을 반복하여 가사와 편곡은 조금 다를 수 있으나 그 멜로디나 그 부분의 인상들을 반복하여 다시 듣게 한다. 왜 이런 형식이 만들어진 것인가. 대부분이 만들고 싶은 곡은 가장 익숙한 대중음악이 주를 이룰 것이다. 연주곡도 있고 다른 장르도 도전하겠지만 대부분 5분을 넘기지는 않을 것이다. 이 5분 동안 멜로디가 계속 전개되고 변화하며 새로운 멜로디들이 제시된다면 한 번 듣고 인상이 또렷이 남기기 어렵다. 10분 이상의 클래식 곡들이 처음부터 끝까지 기억나지 않는 이유는 '내 곡을 안다면 당신들은 훌륭한 문화인이다. 인격적으로 성숙한 사람의 반열에 올랐고 인문학적 지식과 예술적 감성이 풍부하다'라는 입장을 무수히 듣고 자랐으니 한 번에 들리지 않더라도 몇 번이나 듣고 들어 그 음악 전체를 기억해 내기 때문이다.

하지만 대중음악은 기본적으로 단 한 번으로 승부를 건다. 라디오나 미디어 매체에서 처음 들었을 때, 대중들이 '이 곡 뭐지? 듣기 정말 좋다'라는 호기심을 갖게 만들고 첫인상을 확 사로잡게 만드는 전략을 갖고 있다.

지금까지 음악의 패턴을 보면서 작곡하는 방식을 알아보았다. 이렇게 가장 기본적인 곡 형식을 가지고 한 곡을 만들 수 있다. 이리저리 딱 마음에 드는 선율이 아닐 수도 있고, 어딘가에서 들어본 듯한 익숙하지만 익숙하지 않은 선율들을 이런 형식들로 배치시키면 의외로 내가 순수하게 작곡한 가요가 들리게 될 것이다.

어플을 통해 쉽게 작곡하기

나는 성인 피아노 취미반을 가르쳤을 때 피아노곡을 바이엘부터 시작하지 않았다. '도레미'부터 배운다고 하면 지루할뿐더러 어느 정도 치기까지 아이들보다도 더 많은 시간이 걸리기 때문이다.

그냥 자신이 좋아하면서 듣기 편안하고 만만한 곡들을 선택한 후 시간이 좀 걸리더라도 그 곡을 연습시킨다. 기초가 적을수록 시간은 많이 걸릴 수는 있다.

두 마디를 치기 위해 1시간이 걸릴 수도 있고 악보가 익숙하지 못해 다 외우기까지 시간이 더 걸릴 수는 있다. 하지만 그렇게 해서라도 한 곡을 친다면 당장 어딘가에서 써먹을 수 있다. 오히려 단기간에 빠르고 실용적으로 사용할 수 있는 것이다. 핸드폰

어플로 작곡을 한다면 이렇게 실용적으로 빠르게 사용할 수 있기 때문에 어플이나 기타 많은 툴들을 도전해 보길 바란다.

길을 걷다 자신도 모르게 멜로디를 흥얼거린 적이 누구나 한 번쯤은 있을 것이다. 대부분 자신이 좋아하는 멜로디를 흥얼거리기 마련이지만 좀 더 비슷하면서도 다르게 멜로디를 맘껏 바꾸는 희귀한 경험도 종종 했을지도 모른다. 그리고 '노래로 만들면 히트할 수 있을 텐데'라는 생각으로 머릿속에 이 멜로디를 외워야겠다고 의지를 다짐하지만, 그다음 날 소리 소문도 없이 잊어버린다.

화음을 붙여 악보로 저장했으면 좋았으련만 그렇게 '명곡'이 탄생되지 못하고 사라졌을지도 모를 일이다. 그렇기 때문에 어느 장소, 어느 시간이든 항상 내 옆에 든든한 지킴이로 있는 스마트폰을 이용하여 작곡을 손쉽게 하는 어플들을 사용하고 그것을 기록물로 남겨 놓는 것이 좋다.

❶ 험온(Humon)

이 작곡 앱은 정말 흥얼거리는 허밍을 녹음만 해도 악보를 만들어 준다. 국내 스타트업 쿨잼컴퍼니가 개발한 작곡앱으로 지난 7일 프랑스 칸에서 열린 세계적인 음악박람회 '미뎀Midem'에서 '음악 크리에이션/교육Music creation & education 부문 최우수 혁신

서비스'로 선정되었다.

미뎀은 세계 3대 음악박람회 중 하나이다. 매년 엔터테인먼트 관련 스타트업들이 모여 경쟁하며 시상하는 미뎀랩Midemlab을 개최한다. 음악인들 사이에서 유튜브처럼 유명한 사운드 클라우드 역시 미뎀랩을 수상하였다. 험온은 한국 기업으로 유일하게 파이널리스트에 선정되어 청중들의 호응을 이끌며 선정되었다.

내가 지정한 템포에 맞추어 녹음하면 그 음성을 분석하여 악보를 생성해주고 자동 반주까지 가능하며 여러 가지 장르를 바꿔가며 만들어 주기도 한다.

허밍을 음표로 바꿔준다는 기술은 생각보다 쉽지 않다. 두 사람이 허밍으로 똑같이 '도레미'를 불러도 소리의 진폭과 음색은 모두 다르다. 그렇기 때문에 똑같이 부른다고 생각해도 험온에 한번 거쳐서 나온 결과물은 다를 수 있다.

험온은 좋아하는 장르마다 어울리는 화음도 붙여서 연주하는데 이것은 사람의 의도를 파악해 악보로 옮기는 것을 가능하게 해주는 머신러닝 기술을 활용했다. 사용자가 만든 멜로디에 최적화된 화음을 골라서 입혀주는 것이다. 핸드폰으로 바로 다운받을 수 있으니 바로 사용해 보길 바란다.

❷ 가라지 밴드(Garage band)

가라지 밴드의 장점은 많이 내장되어 있는 루프들이다. 고퀄리티의 루프들을 사용하여 음악을 만들었으며 장소에 구애받지 않고 많은 장비 없이도 아이패드나 아이폰 하나만으로 충분히 가능하니 디지털 싱글 같은 음원을 발매할 때 가이드로 충분히 활용이 가능하다.

아이패드와 아이폰의 이어폰으로도 어느 정도 수준의 녹음이 가능하다. 또한 내장되어 있는 Vsti도 고퀄리티로 사용할 수 있다.

기타의 Vsti를 불러서 연주해보면 기타줄이 미세한 차이까지도 움직이며 소리를 내는 것을 볼 수 있다. 이것은 다른 악기들에서도 디테일하게 적용된다. 내가 드럼을 연주하고 건반을 치고 각각의 샘플들을 서로 합칠 수 있는 인코딩 작업까지도 가능한 어플이라는 것이다. 또한 그 위에 내 목소리도 녹음할 수 있다. 그리고 작동법도 복잡하지 않기 때문에 손쉽게 다가갈 수 있다.

녹음 또한 마찬가지이다. 제대로 녹음하는 것이라면 스튜디오를 가야 하지만 가이드 정도라면 어느 정도 수준의 녹음이 가능하다. 컴프레서라든지 리버브도 자체적으로 사용할 수 있고 퀄리티도 괜찮다. 이것은 애플기기만 사용할 수 있으니 아이폰이나 아이패드로 한번 사용해 보자.

❸ 뮤직 메이커 잼(Music Maker Jam)

많은 음원의 샘플이 내장되어 있는 뮤직 메이커 잼은 스마트폰 음악편집을 보다 간편히 할 수 있도록 만들어진 앱이다. 일정 스타일을 골라서 곡을 만들 수 있는 데 주로 비트의 느낌이 강한 힙합이나 하우스 음악을 만들기에 좋다. 여러 가지 비트들을 골라서 설정하고 여러 가지 장치들을 얹으며 음악 형식까지도 지정할 수 있다. 그리고 그 위에 보컬 녹음까지도 가능하다. 음악을 모르는 사람도 완성도 높은 음악을 만들 수 있다.

핸드폰의 어플을 사용한다면 장소에 구애받지 않고 많은 장비가 없이도 폰 하나만으로 작곡이 가능하다. 물론 이것들로 디지털 싱글을 만들겠다고 하면 말리고 싶지만 음원을 만들기 전 가이드용으로는 손색이 없다. 음악적 기초지식만 있다면 누구나 사용할 수 있고 지금 당장 앱을 다운받아 시작할 수 있으니 한번 시도해 보는 것도 좋은 방법이다.

누구나 즐길 수 있는

음악을 통한 워라밸

PART 06

음악으로의 워라밸!
직장인의 라이프도 바꾼다

Let it be - The Beatles

잘 키운 취미가 새로운 직업을 만든다

직장인들의 스트레스는 어딜 가나 비슷한 것 같다. 당장 제일 선진화되었다는 미국에서도 직장인의 55%가 직업을 바꾸고 싶다는 통계가 나왔다.

우리나라는 현재 최악의 취업난이라 불리며 청년 취업문제가 사회문제로 대두되고 있다. 요즘 취업 준비생들은 그 좁은 문을 뚫고 들어가기 위해 돌진하는 삶을 살고 있는 요즘이다. 그렇다면 취업만 하고 나면 그 어떤 걱정도 없을까? 불행하게도, 취업 후에도 직업에 대한 고민은 계속된다는 조사가 발표되었다.

미국의 직장인도 절반 이상이 지금의 직업을 바꾸고 싶어 한다. 그리고 직업을 바꾸고 싶다고 말한 이들 중 4분의 1은 '매우 바꾸고 싶다'라고 말했다. 이것은 우리나라 직장인의 비율도 비슷할 것이라 예상된다.

그렇다면 현대의 직장인들은 왜 이런 생각을 갖고 있는 것일까. 취업했다는 기쁨도 잠시 회사에 대한 기대와 현실 사이의 간극은 점점 더 벌어지며 그 괴리에 괴로워한다.

지금 회사가 괜찮은 것일까? 직업을 잘 선택한 것일까? 지금 삶이 괜찮은 건가? 나는 괜찮은 건가? 자신에게 질문을 끊임없이 던지게 된다.

이는 좋은 직업, 좋은 회사의 조건을 외적으로 연봉이나 회사 규모, 안정성 등 외향에만 치중했기 때문에 생기는 역효과이다. 남의 떡이 커보이듯 취업 후에도 다른 직업에 대한 막연한 환상을 가지며 자신의 직업에 계속해서 의문을 가지게 되는 것이다. 그리고 어느 순간 월급날만 기다리고 주말과 휴일만 기다리는 삭막한 직장인이 된 것을 인지하지 못한다.

물론 취업한 사람의 경우 오히려 행복한 고민일지도 모른다. 아이를 키우기 위한 여성들의 경력단절, 갑자기 여러 가지 외적 상황에 의해 해고당한 사람들의 이야기는 조금 더 우울해진다. 이러한 경력단절 후 얼마간의 공백을 딛고 다시 직장을 구하기란 결코 쉽지 않을 것이다. 취업과 고용이라는 전쟁터를 벗어나 유토피아를 찾기 위해 결단을 내린 이들이 있다. 바로 'Hobby

To Job족'이다.

보통 음악이 취미라고 한다면 어떤 것이 떠오르는가. 대개 음악 감상이나 노래방에서 노래를 부르는 것. 기타나 피아노 같은 악기를 연주하는 것을 떠올릴 것이다. 그러나 Hobby to Job족에게 취미란 자신이 좋아하고, 가치 있게 생각하며, 가장 잘할 수 있는 것을 알려주는 거울과 같다. 음악 중에서도 더 깊이 있고 정확한 자신의 취미를 발견한다면 새로운 비즈니스의 원석을 발견하는 과정이 되는 것이다.

요즘은 초등학교에서나 혹은 빠르면 유치원에서 대부분 피아노나 바이올린 같은 악기를 한 번쯤은 배워봤을 만큼 음악은 우리 삶에 가까이 다가와 있다. 여러 가지 악기들이 있지만 나는 우쿨렐레나 오카리나를 추천한다. 악기 중에 가장 기본이라는 피아노를 배우지 않았던 사람들도 손쉽게 접근할 수 있는 악기이기 때문이다. 우쿨렐레나 오카리나는 동영상 하나를 봐도 곡 하나를 칠 수 있을 정도로 쉬운 악기이다.

기타는 줄이 6개이고 철줄로 감겨져 있기 때문에 우쿨렐레보다는 잡기도 어렵고 물집이 잡히고 굳은살이 배긴다. 하지만 우쿨렐레는 줄이 4개밖에 있지 않고 무엇보다 악기가 기타보다 싸다. 오카리나는 여러 가지 형태가 있지만 기본적인 이탈리아식 오카리나를 추천하며 요즘 한국에서 만들어지는 오카리나는 최대 2옥타브 이상의 음역까지 연주가 가능하다. 둘 다 각 지자체에 있는 문화센터나 주민자치센터, 여성회관 등에서 수업을 쉽게 찾을 수 있을 것이다.

모든 악기는 꾸준히 배워야 하는데 간간히라도 야근이 있어 시간을 맞추기 어려운 직장인들은 교습시간을 맞추기 어렵고 1:1 개인지도 가격이 부담스러울 수도 있다. 이땐 온라인 강의를 신청해 보자. 온라인 강의도 수강신청하게 되면 악기랑 교재도 무상으로 주는 곳도 많으니 잘 알아보고 선택하면 된다. 온라인 강의는 조율하는 것부터 시작해서 코드 잡는 법 등 기초부터 고급과정까지 개인지도를 받는 것처럼 하나하나 자세하게 되어있는 강의가 많다. 강의를 들어보고 연습할 때는 잠시 멈춰보고 다시 듣고 싶은 부분이 있으면 돌려보면서 즐겁게 따라 배우고 연습하면 된다.

퇴근하고 여유시간이나 점심시간에 틈틈이 시간이나 장소의 제약 없이 들을 수 있는 것이 온라인 강의에 가장 큰 장점이다. 그리고 우쿨렐레나 오카리나는 악기가 작아 진동량이 적으므로 층간소음으로 스트레스받을 일이 적다. 온라인 강의를 들어보면서 잘 안되는 부분은 돌려서 따라 해 본다면 실력이 부쩍 늘어나는 게 느껴질 것이다.

그리고 우쿨렐레나 오카리나 민간자격증을 온라인상에서도

딸 수 있다. 이 자격증을 통해 방과후학교나 문화센터, 아동센터, 주민자치센터 등에서 전문 강사로 일할 수 있다. 대부분 온라인강의를 듣고 자격증 취득까지 3개월 과정으로 마무리할 수 있다. 결혼하고 아이를 낳고도 부담 없이 시작할 수 있는 직업 중 하나인 것이다. 또한 경력이 되고 일주일에 세 군데 이상만 출강해도 그룹수업이 가능한 종목이기 때문에 벌이가 괜찮을 수 있다. 그리고 방과후 학교나 문화센터 수업은 대부분 아이들 위주거나 성인 취미반이라 수업에 대한 부담을 가질 필요도 없다. 온라인 강의에서 배운 그대로 지도해도 된다.

요즘에는 경력단절을 위한 취업센터가 활성화되고 있다. 자격증을 취득하게 되면 취업지원까지 무상으로 받을 수 있는 곳도 많다. 방과후 학교로 보조강사 실습도 나갈 수 있다.

취미의 가장 기본에는 '즐거움'이 있다. 취미는 내가 즐거워서 하는 일이기 때문에 이직이나 재취업에 비해 동기부여, 열정이 높다. 사람은 즐거운 일을 할 때 힘이 들지도 않고, 시간 가는 줄도 모른다. 사람들의 기대수명이 100세에 가까워지면서, 노후를 위해 이전보다 더 많은 시간을 일을 하며, 필연적으로 자신의 직장과 직업에 대해 더 많은 고민을 하게 될 것이다. 대부분의 사람들은 고민은 하지만 실천에 옮기지는 못하고 직장생활을 지속하거나, 비슷한 조건의 회사로 이직하며 살아갈 것이다.

하지만 Habby To Job족은 직장생활보다 삶의 행복을 찾아 창의력 넘치고 활기 넘치는 직업의 기회를 찾아 떠날 것이다. 그렇다면 당신은 어떤 삶을 살 것인지 다시 한번 고민해보자.

Shape of my heart – Sting

음악은 속도가 아니라 방향이다

우리가 사는 세상은 인간이 살아야 할 목적의식을 성공에 대한 신화로 이루어 낼 것을 강요한다. 하지만 성공이란 내면에 잠재하고 있는 진정한 자기 자신을 발견하고 겸손한 마음으로 끊임없이 성장하는 것에 기쁨을 느끼는 것이 아닐까. 물질 만능주의에 빠져 인간성을 몰락시키기보다 자신의 내면을 성찰하고 행복을 추구하는 것이 성공의 가장 큰 목표인 것이다.

성공을 어떤 각도로 바라보는지에 따라서 어떤 인생을 살게 될지 판가름하는 결정적인 열쇠가 될 수 있다. 삶을 사랑하고, 무엇을 해야 기쁨을 느끼는지 알고, 더 나아가 자신을 통해 속해 있는 사회가 더 나아지는 것, 그리고 그 힘은 속도에 비례하지 않는다. 빠르게 결과를 얻어야 하는 성과주의가 전부가 아닌 것이다. 이것은 음악뿐만 아니라 예술이 갖고 있는 궁극적 목표이다.

삶을 사랑하기 위해서 어떠한 행동을 취하고 있는가. 하루를 돌아볼 때 기쁨을 느끼는 시간이 어떤 때인지 생각해보자. 여기까지 읽어 온 독자 대부분은 음악에 관련된 시간에 기쁨을 느끼지 않을까 예상된다. 그만큼 악기나 작곡, 음악을 하고 싶은 사람들이 점점 증가하는 추세이다.

그동안 막연하게 알고 있지만 입 밖에 꺼내지 않는 '마음의 비밀'에 대해 고찰해보자. 인생은 마음먹기에 따라 달라지는 것이다. 이 에너지는 세상을 변화시킨다. 그렇게 거창하지 않더라도 내가 달라지면 나를 둘러싼 주변의 상황도 달라지는 것이다. 마음먹기의 힘은 중요하다.

그리고 그 마음이 '사소한 것에 목숨을 걸도록' 한다. 마음먹기는 나를 둘러싼 인간관계, 느끼는 행복지수, 감정을 결정하는 것에 가장 중요한 요인이다. 마음먹기에 따라 천당과 지옥을 오고 갈 수 있는 것이다. 그것은 문제를 극복하는 것에 도움이 되기도 하지만, 머릿속에 떠나지 않는 난제처럼 의욕을 땅바닥까지 떨어뜨리기도 한다.

누구나 마음먹기에 따라 달려 있고 이것에 예외를 갖고 있는 사람은 없다. 인생을 긍정적으로 살 것인지 부정적으로 살 것인지 결정하는 가장 중요한 것은 마음먹기에 따라 달라질 수 있다는 믿음인 것이다. 음악은 마음먹기를 긍정적인 방향으로 가도록 도와준다. 특히 작곡은 그 방향성을 더욱 명확하게 만들어 주는 힘을 갖고 있다.

남들이 보기에 부럽다고 느낄 정도로 멋진 삶을 누리고 사는 사람들도 많다. 그들은 어느 정도의 명예와 특권, 건강, 물질적 풍요에 자랑스럽게 생각하는 가족, 자녀도 있다. 학식도 높으며 좋은 환경에 살기도 한다. 겉으로 보기엔 취미생활을 즐기며 세계 방방곡곡을 여행하며 사는 것처럼 보일 수도 있다. 하지만 이들 중에서도 끊임없이 좌절하고 불평하고 세상을 비관적으로 생각하는 사람들이 더 많다. 그 이유가 무엇일까? 왜 일부러 자신이 불행하다고 생각하며 살고 있는 것인가? 스트레스와 좌절감을 스스로에게 주어 즐거움을 느끼는 새디스트인가.

그들은 더 빨리 물질적인 그리고 보여지는 성공을 이룩해야 한다고 생각하는 것이다. 이 성공은 앞에 얘기한 성공과는 다르다. 자신이 불완전하다고 느끼며 현재의 상황에 만족할 줄 모른다. 그 이상의 세계를 항상 갈구하며 남들보다 더 빠른 속도로 성취하기 위해서만 살아가는 것이다. 남들보다 빠르게 무언가를 성취하기 위해서만 산다면 행복한 인생을 누릴 방도는 전혀 없다. 뛰어난 색감과 구도로 21세기까지 그 작품세계가 길이 남는

반 고흐조차 귀를 자르고 자살을 선택하는 것이다.

음악은 그런 마음가짐을 완전하게 해줄 수 있다. 마음은 언제나 진실만을 말해주는 것은 아니다. 기분이 울적하거나 의기소침했을 때 마음을 믿지 말길 바란다. 그런 마음은 시간이 지나면 다시 쾌활해지고 창의적이며 긍정적으로 변할 수 있다. 그 시간을 단축시켜 주는 것이 음악의 기능이다. 음악은 당신의 마음속에 긍정적인 변화를 줄 수 있다.

마음을 책임지는 사람이 누군지, 관심을 어느 곳으로 향하게 결정하는 자가 누군지 생각해 보았으면 좋겠다. 이 순간에 당신의 삶에 주인공은 누구인가? 이런 질문에 흔들린다면 당신에 대해 적어보자. 일기처럼 적어도 좋고 편지를 쓰듯 적는 것도 좋다. 이런 물음들에 마음을 솔직하게 돌이켜 보고 표현할수록 방향은 완전해지는 것이다. 그것이 빠르게 나타나지 않더라도 그 방향이 긍정적이라면 더욱 좋은 효과를 줄 수 있다.

당신에 대해 적은 가사를 펴놓고 피아노 앞에 앉아보자. 여러 가지 장르의 음악으로 표현이 가능하다. 위로의 음악이라면 위로의 느낌의 멜로디를 붙여서 노래해보자. 그것은 내면에 커다란 울림을 줄 것이다.

인내를 가져라. 바로 되지 않을 수 있다. 음악은 빨리 만들어

내는 결과물로서 보는 것이 아니다. 음악을 하면서 나를 알아가고 나를 표현하면서 인격을 만드는 것이다. 그 커다란 울림은 곧 모든 사람에게 들려주는 그 날을 기대하자.

Butterfly – 러브홀릭스

나를 위한 시간과 공간, 그리고 음악

글쓰기의 방법 중 '모닝페이지'라는 방법이 있다. 아침에 일어나서 어제의 복잡했던 생각이나 앞으로의 생각, 하루의 다짐이나 오늘 꿈을 꿨던 내용과 나름의 해석, 바로 출근해야 하는 복잡한 심정이나 상사 얼굴을 봤을 때 철렁거림 등을 한 페이지 정도 배설을 하듯 쏟아내는 것이다. 손으로 써도 좋고 컴퓨터에서 타이핑을 해도 좋다. 한 달 동안 매일 한다면 나중에 칼럼을 쓸 정도의 실력이 된다고 한다. 이렇게 지나가는 길에 가볍게 쓴 많은 글들이 나중에 보았을 때 가치와 품위를 확신했던 다른 책들과 거의 비슷한 수준이 될지도 모른다. 이것은 글을 쓰는 사람들이 종종 겪는 많은 아이러니 중 하나이다.

나는 글쓰기의 모닝페이지처럼 모닝송라이팅Morning Songwriting를 시도해 보는 것을 추천한다. 작곡이 잘 만들어지는 날이 있다. 그런 날에는 무수한 발상이 떠올라 열심히 써내려가지만 막상 나중에 들으면 유치할 수 있고 많은 부분을 고쳐야 할 때도 있다. 중요한 것은 우리가 만든 모든 곡들을 소중하게 여기고, 순간의 기분에 휘둘려 성급한 판단을 내리면 안 된다는 것이다. 우리가 지워버린 멜로디들은 음악의 가치 때문이 아니라 단순히 기분에 희생되고 있는 경우가 많다.

그리고 당신을 위한 공간에서 작업하는 것을 추천한다. 피아노나 신디사이저를 켜고 핸드폰의 녹음버튼을 눌러서 자신이 들릴 만한 정도의 웅얼거림으로 모닝송라이팅을 시도해봐도 좋다.

다른 사람들과 함께 생활하는 개방된 공간은 여러모로 힘든 점들이 생기게 된다. 집에서도 당신만의 공간이 없다면 집 주변에 음악연습실을 대여해도 좋다. 〈슈퍼스타 K〉나 〈K-POP 스타〉 같은 오디션 프로그램이 인기를 얻으면서 실용음악과를 지원하고 나온 전공생들이 차고 넘치고 있는 실정이다. 매년 수천 명에 이르는 전공생들이 입학과 졸업을 하지만 음악은 취직의 개념이 모호한 일들이 많다. 그러므로 전공자들은 대부분 음악연습실과 음악학원을 개업하여 음악활동에 이바지하고 있으므로 연습공간을 어렵지 않게 찾을 수 있을 것이다.

연습실 사용은 음악학원에서 시간제나 월별제를 사용해도 좋으나 아마 개인 방을 주기보단 시간제로만 받을 확률이 높다. 자신을 위한 룸을 꾸미고 싶다면 음악연습실에서 각각의 개인 방을 보안키를 주고 월별제로 임대해주는 방식도 있으니 자신이 맞는 방식으로 편히 사용하길 바란다.

프라이빗한 방도 필요하지만 본격적으로 작곡을 하려면 초반에는 전문적인 기관에서 배우는 것을 추천한다. 특히 처음 배울 때에는 전문 음악학원을 찾거나 음악을 전공한 선생님에게 개인지도를 받는 것이 가장 좋다. 그리고 무엇보다 좋은 선생님을 만나야 한다. 작곡을 처음 하는 것은 망망대해에서 고기를 잡는 것과 같다. 그럼 어떤 고기를 어떠한 방식으로 잡을 것인가? 낚시를 할 것인가 고깃배를 몰 것인가? 책을 사서 독학으로 할 수도 있는 대부분의 시간은 작심삼일로 끝나기 일쑤다. 좋은 선생님을 만난다면 그 시간과 작심의 길이를 효율적으로 사용할 수 있을 것이다.

그렇기 때문에 기술적인 부분만 가르치는 학원이 아니라 다양하게 가르치는 방식을 통해 즐겁게 작곡을 할 수 있고 음악과 예술의 전반적인 지식을 넓혀갈 수 있도록 도와주는 학원이면 더욱 좋다. 또한 자신만의 세계를 갖고 음악을 즐길 수 있도록 배울 때 제대로 배우고, 작곡할 때 집중해서 작곡하는 습관을 길러주는 곳이 좋다.

그리고 각자 다른 개성을 잘 파악해서 그 사람에게 맞게 다른 모양으로 가르치는 선생님을 만나야 한다. 사람마다 각자 개인의 취향이 있고 배움의 속도가 다르다. 그때마다 다르게 적용시켜 가르치는 선생님을 만나야 한다. 곧 선생님을 선정할 때 제자에 대한 지속적인 관심과 애정, 그리고 적응력이 있는 사람을 만나는 것이 가장 좋다. 요즘은 과거에 비해 전반적인 수준이 상당히 높아지고 다양해졌지만 그만큼 생각하는 방향과 맞는 선생님을 찾는 것이 더 어려워졌다. 자신이 하고 싶은 음악 분야에 대해 많이 알아보고 신중하게 결정하길 바란다.

음악 실력이란 눈 감았다 떠서 머릿속에 흐르는 멜로디가 나올 수도 있지만, 하루아침에 늘지 않을 수도 있다. 몇 줄 쓰면 그다음 어떻게 전개해야 할지 모를 수도 있고 멜로디를 만들었지만 반주를 어떻게 붙일지 감도 안 올 수도 있다. 음악은 충분한 연습 시간이 필요한 작업이다. 당신만의 시간과 공간 그리고 음악에 적극적으로 투자하라.

Sunday morning – Maroon 5

취미를 공유하는 음악 이웃, 당신의 활력이 된다

직장인 밴드나 음악동아리를 했던 사람이라면 뮬www.mule.co.kr이라는 홈페이지를 들어봤을지도 모르겠다. 뮤지션의 자유공간 뮬은 전공자부터 일반인들까지 중고악기를 활발하게 거래할 수 있고 합주실이나 연습실을 구할 수 있으며 공연장 대관을 하여 공연을 하고 구인 및 레슨 정보 등을 주고받을 수 있는 한국에서는 활발하게 운영되는 사이트이다. 그밖에 주요 포털사이트의 카페에서도 음악동아리에 관한 정보를 주고받을 수 있다.

음악은 자신과 타인이 서로 연결되어 있다는 느낌을 줄 수 있다. 사람들은 왜 커피숍을 찾을까. 많은 이유가 있겠지만 나는 커피숍에서 흘러나오는 음악도 한몫한다고 생각한다. 커피의 향과 함께 음악을 들으며 대화를 할 때 공감을 더욱 잘할 수 있다. 또한 음악은 함께 노래를 부르거나 앙상블로 연주하면서 타인과 가까워지는 경험을 쉽게 할 수 있다. 애국가나 교가를 함께 부르면서 애국심이나 학교에 대한 사랑을 깊게 하고, 월드컵 경기 때 한목소리로 노래를 부르며 응원함으로써 음악의 공감 기능을 효과적으로 이용할 수 있다.

인터넷이 발달함에 따라 주변에서만 찾을 수 있던 인간관계를 온라인으로 확장시킬 수 있다. 주변에 음악을 좋아하는 사람이 없었다면 혼자 외로이 음악을 하고 있을지 모르나 현대에서는 앞서 말한 뮾이나 네이버 카페에서 손쉽게 음악 이웃을 찾을 수 있다. 재즈 페스티벌이나 록 콘서트와 관련된 카페를 가입해보자.

종종 페스티벌이나 록 콘서트에 같이 갈 일행을 구하는 문구가 종종 눈에 띈다. 온라인에서도 공연을 함께 볼 사람들을 만날 수 있다. 굳이 같이 가기 싫다는 남자친구, 여자친구를 조르고 졸라 가서는 몇십만 원짜리 표가 아깝다느니 하는 핀잔을 공연 내내 들을 필요는 없는 것이다.

오히려 같은 취미의 사람들과 함께하며 서로의 감정을 공유하는 것이 더 현명한 방법일 수 있다. 이것은 뮤지컬 공연이나 다른 여러 공연들도 마찬가지이다. 또한 인터넷에서 아카펠라팀이나 합창단, 밴드, 아마추어 오케스트라에서 함께 할 사람을 찾을 수 있게 되었고, 즉흥연주 모임 같은 여러 음악행사에서 일렉트릭기타, 건반, 우쿨렐레, 색소폰에 이르기까지 다양한 악기를 연주하고 노래할 사람을 온라인상에서 공고하고 오프라인에서 만나보며 보다 쉽게 모을 수 있게 되었다. 또한 소셜미디어를 통해 자신의 음악적 경험이나 공연감상, 전문적인 지식까지도 공유할 수 있다.

이것은 유튜브나 카페, 블로그에서도 찾을 수 있다. 개인 음악방송을 찾아 음악을 직접 선곡할 수도 있고 왜 그 음악을 좋아하는지에 대해서도 공유할 수 있다. 지구촌 시대에서 인터넷은 음악 커뮤니티의 지리적 거리를 없앴다. 음악 활동의 영역의 한계가 없어진 것이다.

밴드동아리에 참여하는 사람이 늘어나고 음악모임이 생겨나면서 같은 취미를 공유하고 열광하며 단합하는 모임들이 점점 커지고 있다. 직장인 밴드는 사람들 사이에 윤활유 역할을 하며 서로의 문화와 감정을 나누고 함께 협동하면서 유대감이 깊어진다.

보컬이든 건반이든 드럼이든 악기를 다룰 줄 알거나 노래를 부를 수 있으면 누구나 할 수 있다. 만약 다룰 수 없는 악기라면 몇 개월 강의를 들어보자. 음악은 생각외로 그 벽이 높지 않다. 어느 정도 시간을 들인다면 누구나 할 수 있다. 당신도 직장인 밴드 일원이 될 수 있는 것이다. 처음 시작할 때는 서로 좋아하는 곡을 공유하며 카피를 해보고 소리를 맞추는 시간부터 가질 것이다. 그렇게 레퍼토리가 하나씩 늘어난다면 자신들만의 색깔을 갖는 자작곡의 열망이 밀려온다. 팀원 한 명씩 자신의 자작곡이라며 들고 올 것이다.

보컬은 그 멜로디와 가사에 맞게 부르면 그 분위기 대로 드럼이 비트를 넣어준다. 드럼에 맞춰서 베이스가 따라오고 건반이 그사이의 화성을 채워준다. 아마 더 깊은 맛을 주는 좋은 화성이나 고급스럽게 들리는 코드가 있으면 "이렇게 해보는 건 어떨까요?" 하며 제안할지도 모르겠다.

이렇게 멜로디 하나만 만들었을 뿐인데도 편곡이 되어 훌륭한 밴드곡이 되었다. 특히 공감되는 가사에 감명을 받았다는 평을 들어 어깨가 으쓱했을지도 모르는 일이다. 그리고 그 자작곡이 직장인 밴드가 공연하는 곳곳마다 레퍼토리가 되어 지역사회 곳곳의 공연장에서 공연될 날도 있을 것이다.

직장인 밴드 구성원들 각자의 감정의 고취와 정신적 건강에만 도움이 되는 것이 아니다. 지역사회의 단체활동에도 쓰일 수 있고 가족의 모임이나 중요한 행사에서도 쓰일 수 있다. 또한 다문화 사회에서 일어날 수 있는 여러 긴장요소를 완화하는 데도 도움을 줄 것이다. 병원이나 음악이 필요한 곳에 봉사활동을 나간다면 주는 기쁨을 누릴 수도 있다. 그래서인지 이제는 한국 어느 도시의 지역사회에서도 직장인 밴드를 쉽게 찾아볼 수 있다.

자신의 음악경험을 나누고 싶은데 거주지역에 원하는 동아리가 없다면 직접 동아리를 만들어 지역에 도움을 주는 능동적 행동을 해보자. 음악은 어느 곳에든 필요하기 때문에 어느 정도 준비가 된 밴드라면 공연하는 장소가 구해지는 것은 쉽다.

그렇게 직장인 밴드나 오케스트라, 지역 합창단 활동은 자연스럽게 정서적 유대감을 주고 단체의 정체성을 강화하며, 평화적이고 안정적인 지역사회의 조화를 가져온다. 음악을 통해서 나누는 기쁨을 몇 배로 느낄 수 있다. 밴드로 활동하는 사람들은 사회참여나 예술 교육 등 여러 활동에 참여하면서도 자신의 일에도 리더가 된다.

그리고 더욱 자존감을 높이며 사회일원으로서나 개인으로서의 긍정적 효과를 불러온다. 많은 비영리단체가 음악 커뮤니티를 만들어 소외된 아이와 노인 등 여러 사회적 약자를 모임으로 끌어들이려는 건 바로 이런 이유에서다.

신기하게도 밴드모임에 자주 참여할수록 당신의 기분도 좋아질 것이다. 이웃과 더 많은 시간을 보내는 사람일수록 더 많은 사람에게 선의를 베풀려는 경향이 있다. 음악은 서로 다른 인격들과 성격들을 이어주는 훌륭한 수단이다. 언어를 초월하는 음악이 모든 사람들의 마음과 관계를 즐겁게 연대하도록 해주기 때문이다. 음악 이웃과 함께 세상을 살아가다 보면 성취감을 느끼며 특별한 유대관계 속에서 살아갈 수 있다. 음악을 하는 것은 홀로 고독하지 않게 살아간다. 음악은 벽을 허물고 여러 경계 사이에 다리를 놓는다.

Vissi D'Arte, Vissi D'Amore – Puccini

지금까지의 나의 삶을 음악에 표현하다

노래에 살고, 사랑에 살고
난 남에게 해로움 주지 않앗네
불쌍한 사람
남몰래 수없이 도와주었네
항상 믿음 속에서 살며
성인들 앞에
정성을 다해 기도 드리고
언제나 제단 앞에 고운 꽃을 바쳤네

나 고통 당할 때
어찌해 이와 같이
어찌해 날 내버려 둡니까?

성모님 위해 보석도 다 바치고
또 하늘 높이 거룩한 노래
항상 바쳤건만
나 고통 당할 때
어찌하여 하느님은
나 홀로 이렇게 내버려 둔단 말입니까?

– 〈노래에 살고, 사랑에 살고(Vissi d'arte, vissi d'amore)〉 中에서

푸치니의 오페라 〈토스카〉를 본 적이 있는가? 본 적이 없더라도 토스카의 유명한 아리아 〈노래에 살고 사랑에 살고〉를 들어보자. 그리고 그 가사를 음미해 보자. 사랑의 살고 예술에 살았던 열정적인 여자인 토스카의 인생과 그 마음을 가슴 깊이 느껴 보자.

삶에서 가장 심오한 순간을 음악만큼 잘 표현해주는 것은 없다. 특히 음악은 우리의 삶을 묘사하고 표현해주며 삶의 조화를 이루게 해준다. 그리고 사는 순간순간마다 깊은 울림을 주고 세상을 등질 때는 우리를 위로해 준다. 우리는 어린아이의 흥얼거림을 시작으로 전 생애 동안 듣고 또 들으며 노래를 부른다. 그리고 그 노래는 모방과 창작으로 작곡이 되어 우리의 마음을 표현하고 말로 표현하는 것 이상의 울림을 주는 것이다.

음악은 때때로 지적 수준을 나타내기도 하고 순수성의 정도를 표현하기도 한다. 나의 삶이 표현된 음악을 내 목소리로 부

르는 동안은 나쁜 마음을 가지거나 거짓을 표현할 수 없다. 어쩌면 인간은 음악을 통해서 인간 본연의 모습으로 돌아가고 싶어 하며, 돌아가려는 하나의 시도인지도 모른다.

이런 점에서 작곡을 하는 사람이라면 가르치는 사람과 배우는 사람 모두 순수함으로 접촉한다고 생각할 수 있다. 물론 사람의 마음을 영악하게 파고드는 일부에 의해 악용되는 사례도 있다. 그렇지만 그렇게 만든 음악은 결국 작곡가나 듣는 사람이나 파국으로 치닫게 된다.

누구나 연주를 하거나 작곡을 할 때 감정을 실을 수 있는 힘을 갖는다. 유년시절의 경험을 열 가지 정도 떠올려보자. 평범한 일들이라고 해서 넘길 필요는 없다. 오히려 평범한 일상의 일들이 청중들에게 공감을 살 수 있을 것이다.

지나가는 동물 때문에 겁먹었던 기억, 초등학교 짝꿍에게 처음으로 설레었던 기억, 선생님의 차별로 마음이 아팠던 기억, 내가 좋아하는 반찬이 나와서 행복하게 먹은 기억, 부모님에 관한 에피소드 등등 일반적이고 사소한 일들을 포함시킨다. 그런 다음 그중 한두 가지 에피소드를 골라서 가사처럼 만들어 본다.

자신의 경험을 소중하게 여기는 것은 나르시시즘이 아니다. 끝없이 자신에게만 몰두하는 이기적인 행동도 아니다. 오히려 자신의 경험을 소중하게 생각하는 것은 세상을 적극적인 태도로 품위 있게 볼 수 있는 행동이다.

이것을 통해서 세상과 나 사이의 상호작용을 객관적으로 받아들일 수 있으며, 어렴풋이 이해했던 것들이 더욱 명확하게 다가올 것이다. 점점 일시적인 순간의 가치들이 모이고 모여 나의 시간을 이루고, 곧 시간들이 이루어진 존재가 자신이라는 사실도 알게 될 것이다.

아마도 지금까지 삶을 돌아봤을 때 문제가 생겼던 아픈 순간들이 떠올려질 것이다. 그런 문제가 생겼을 때 어떻게 그 문제를 해결했는지 떠올려 보자. 아마도 대부분 억제하거나 외면하는 것으로 대처했을 것이다. 그렇게 대처하는 것이 가장 쉬웠을 것이기 때문이다.

인간관계에서도 그렇지 않은 것처럼 가면을 쓰고 행동하거나, 그런 것을 알아차리지 못한 둔한 사람으로 보여지도록 행동하는 것, 곧 삶의 한 부분이었던 것을 도려내어 그 이전에도 없었던 것처럼 행동했을 것이다. 일반적으로 우리는 두렵거나 위협적인 상황을 감지했을 때 두 가지 중 하나를 선택한다. 마주 보고 싸우거나 아니면 도망치는 것이다.

이런 경우들도 하나의 주제로 선정하고 그 주제에 맞는 곡을 선택하여 연주할 수 있다. 그리고 더 나아가서 깊게 연주에 빠지다 보면 그 곡의 느낌을 가지고 자신만의 멜로디로 작곡까지 가능해진다.

내가 싸울 것을 선택했을 경우, 이런 상황을 다시 한번 점검하고 진취적인 음악을 선정하여 연주해보고 작곡해 보자. 군악대의 음악이나 베토벤의 〈영웅〉 같은 음악을 듣고 그 멜로디를 자신이 연주할 수 있는 악기로 불어보는 것이다. 그리고 그 멜로디의 웅장함을 가지고 비슷하지만 독특한 자신만의 멜로디로 작곡을 해보자. 진취적인 멜로디는 그 상황을 타계할 힘을 불어넣는다.

내가 도망치는 것을 선택했을 경우, 오히려 이것이 내면엔 스트레스로 쌓여있을 수 있다. 자신이 외면하고 도려내 보지만 감정은 그렇게 종이를 가위로 오려내듯 오려 낼 수 있는 것이 아니기 때문이다. 그럴 경우 자신을 위한 위로의 음악을 연주해보자. 그리고 그 곡에서 썼던 코드의 흐름 위에 나의 멜로디를 얹어보자. 포근하고 아름다운 선율과 화성을 가진 곡이라면 자신에게 어떠한 상황이 닥쳐와도 위로해줄 수 있는 힘을 갖고 있을 것이다.

삶을 음악으로 표현하기까지 막막할 수도 있다. 하지만 모든 것은 돌아봤을 때 실마리가 있다. 그리고 그것은 큰 힘을 갖고 있다. 당신의 삶을 음악에 표현해보자.

The Story – Brandi Carlile

생의 마지막, 음악과 함께

평소 감기나 가벼운 질병들로 인해 집 근처에 있는 내과 혹은 이비인후과를 가게 되면 잔잔한 음악이 들린다. 그러면서 마음을 평안해지는 것을 느낄 수 있다. 연구에 따르면 병원 대기실에서 타악기 소리가 섞이지 않은 부드러운 음악을 들으면 고통스런 증상이 상당히 완화되며 심장박동수가 현저히 줄어든다고 한다. 그렇기 때문에 가능하면 치료 중에도 계속 듣기를 권한다. 잔잔하고 편안한 음악은 모든 연령대 환자가 진정제를 거의 쓰지 않고 괴로운 검사를 견디도록 돕는다.

노래를 부르거나 악기를 연주하면 면역력이 강해지며 건강해지고 질병도 치료할 수 있다. 의사들은 호흡기, 폐 질환 환자들에게 오히려 노래나 관악기를 배워보라고 권한다. 평범한 생각으로선 오히려 안 좋아질 것 같은 처방이다. 분명 평범한 사람들보다는 배나 힘들 것이기 때문이다. 하지만 이런 활동을 하면 목 근육과 폐, 상체 근육, 비강 등등 보이지 않은 많은 곳들이 운동이 된다.

천식을 앓는 공립학교 어린이들이 리코더를 불자 호흡이 크게 나아졌다는 연구결과가 있다. 아울러 천식을 극복할 수 있다고 느끼게 되었다는 것이다. 하모니카를 불려면 들숨과 날숨을 쉬어야 한다. 따라서 폐 질환 환자나 만성기관지염, 폐기종 환자가 폐를 단련하기에 좋은 운동이 될 수 있다. 심장수술을 받은 환자도 하모니카로 심장근육을 물리치료 할 수 있다.

뉴욕 스트랭 코넬 암예방센터의 소장 미첼 L. 게이너Michell L. Gaynor 박사는 음악이 스트레스를 줄이고 자연항암세포 활동을 촉진해 암 치료에 효과적이라고 말한다. 그래서 그는 암치료와 함께 노래부르기, 음악듣기, 드럼치기 등등의 음악치료를 병행하고 있다. 이런 음악 활동은 암환자들의 통증을 다스리며 암세포를 줄이고 우울증을 완화시키며 환자들은 목소리, 음악, 리듬을 통해 건강을 되찾을 수 있다.

집에서 생활하다가 갑자기 만성적으로 오는 통증들이 있다면 즉시 주위를 둘러보자. 책상 위에 내가 항상 듣던 CD플레이어나 라디오가 있을 것이다. 그것을 틀었을 때 이루마의 곡이 나올 수도 있고 Brandi Carlile의 〈The Story〉가 고요히 타고 나올 수 있을 것이다. 허밍으로 부드럽게 따라 불러본다. 그리고 그 멜로디에 맞는 화음을 부른다 생각하고 그 위에나 아래에 부르는 것이다. 처음엔 그 멜로디도 따라 부르기 힘들 순 있지만 몇 번 화음처럼 그 멜로디를 피해서 허밍을 부른다면 다른 곡들도 손쉽게 부를 수 있다. 이렇게 〈The Story〉와 비슷하지만 나만의 선율이 나의 목소리를 타고 허밍으로 나온다면 그것을 녹음해 두자. 사람의 감정이 변함에 따라서 멜로디가 변할 수 있다. 오히려 아플 때 진정시키기 위한 음악을 한다면 그 감정의 깊이가 더욱 깊어질 것이다.

음악을 사용해 병세를 완화할 줄 알게 되면 스스로 삶을 잘 조절할 수 있다. 우울한 감정과 생각도 음악을 통해서 조절할 수 있다. 그래서 긍정적인 기분을 가질 수 있으며 항상 힘이 나고 다른 사람들과도 잘 어울린다. 불안과 우울에 빠진 사람들도 음악을 통해서 삶의 목적과 기쁨을 회복하는 경우가 많다.

아픔과 고통이 두렵다면 밝고 즐거운 음악을 즐겨 듣자. 그리고 그 음악을 연주해보고 작곡해보자. 항상 밝은 음악을 가까이하고 그 코드를 알아보자. 아마 장조로 메이저 스케일에 있는 어느 코드를 움직이더라도 밝고 편안하고 아름다운 음악을 쉽게 작곡할 수 있다. 계속 강조하지만 거창할 필요가 없다. 특히 작곡이라는 장르는 더욱 작은 시도부터 시작해 볼 수 있다. 마음속에 담아있는 멜로디를 허밍으로 녹음시켜 놓아도 그것은 음악이 될 수 있다.

몸이 불편해서 병원에 입원 중이고 병원에 음악치료사가 온다면 그 음악치료에 꼭 참가하기를 바란다. 음악치료의 범위 중에 리듬이나 멜로디에 의한 작곡의 방법으로 음악치료를 사용하기 때문이다. 음악치료에 참가하면 기분이 좋아지고 환자가 치료의 의지를 다질 수 있다. 생의 마지막까지도 음악과 함께 해라. 몸이든 마음이든 고통을 갖고 있다면 음악을 사용해라. 고통을 덜어내고 삶의 행복을 진하게 느낄 수 있을 것이다.

작곡으로 완전하라

"나는 연주를 왜 하고 싶은 거지?"

"나는 음악이 왜 좋은 거지?"

"나는 작곡을 왜 해야 하는가?"

이 책을 다 읽더라도 아직 이것에 대한 답이 머릿속에 떠나지 않은 사람들이 있을 수 있다. 그리고 이렇게 스스로 질문하는 것 자체도 언뜻 매우 피곤하고 쓸데없다고 생각할 수도 있다. 하지만 마음속에 베토벤과 같은 열망이 있기 때문에 이런 질문을 스스로 하는 것이다. 프랑스의 샹송 가수로 유명한 전설의 에디트 삐아프가 아픈 몸을 이끌고 무대에 넘어져 업혀나가면서도 무대를 서려고 했던 그 마음이 누구에게나 있다고 생각한다.

음악의 과정은 우리 자신에 대해 더 많은 것을 질문하고 요구하며 답을 준다. 음악을 하는 과정을 즐기고 수용하는 예술에 대해 많은 생각을 하게 된다면 그것을 정리해 보는 것도 좋은 방법이다. 어차피 예술에 있어서 답이란 없다. 그냥 당신이 연주를 해보고 작곡을 하는 그 과정을 통해서 보지 못했던 것을 보고, 듣지 못했던 것을 들으며, 느끼지 못했던 것을 느끼고 더 많은 행복과 사랑, 그리고 즐거움을 얻길 바란다.

우리가 아는 만큼 보고 들리듯, 하는 만큼 느낄 수 있다. 더 깊은 음악의 세계에 빠져들수록 더 많은 행복감을 얻을 수 있는 것이다. 그리고 전공에 상관없이 자신의 본연의 감정을 표현하기 가장 좋은 방법은 음악이다.

플라톤은 『국가론』에서 교육의 기본적인 요소를 음악과 체육이라고 보았다. 특히 음악의 목적은 단순한 오락뿐만이 아니라 정신적 성숙에 있다고 주장하였다. 그렇기 때문에 정신을 단련하기 위해서는 음악이 필요하고, 몸을 단련하기 위해서는 체육이 필요하다고 보았다. 당신의 정신을 단련하기에는 음악만큼 좋은 것이 없다는 소리다.

현대에는 정신적으로 많은 문제가 일어나고 있는데 경제적 발전만큼 문화적 발전이 따라가지 못했기 때문에 일어나는 현상이다. 국적, 인종, 성격, 성별과 상관없이 사람이라면 누구나 자신의 목소리와 노래로 삶의 기쁨을 표현할 권리가 있다. 음악과 함께라면 '남'이라는 각자의 객체들이 '우리'가 되어 함께 힘을 모아 이 세상을 조화롭고 건강하게 만들 수 있다.

작곡은 삶의 표현이다. 그리고 연주는 내면의 세계를 들여다보는 방식이다. 음악으로 나만의 이야기를 선율에 담을 때 비로소 완전해질 수 있다. 그리고 그것은 삶에 대해 더욱 진실하게 바라볼 수 있는 시간을 제시할 수 있다. 그것으로 사람들에게 공감을 사고 나의 프로필이 되며 나의 특별한 경력이 될 수 있다. 꾹꾹 눌러 담았던 나의 감정, 나의 인생을 표현하여 행복이라는 것을 담아 완전한 삶을 살 수 있는 것이다.

현대의 사업은 얼마나 더 많은 양을 팔고, 이익을 남겼느냐 하는 상업적 논리가 중요하다. 하지만 명품이라는 것은 '희소가치'를 추구한다. 명작과도 같은 비싼 수공예품을 만드는 장인은 공장에서 찍어내는 대량생산을 멀리한다. 오직 몇 개월에 한 개씩 물건을 내놓고 그마저도 고객이 이미 정해져 있다. 장인의 마음은 대량으로 찍어 많은 이익을 남기는 것보다 오히려 하나하나 정성을 들여 명품을 만들고 그 만들 때의 기쁨을 느끼는 것이 더 행복을 느낀다는 것이었다.

인생은 이렇게 많은 양을 찍어내듯 찍어내는 것이 아니라 단 하나의 명품 브랜드로 사는 것이다. 오직 내가 보고, 내가 들으며, 내가 느끼는 나만을 위한 하나의 콘텐츠로서 인생을 살고 있는 것이다.

조심스럽게 추측하건대 당신이 작곡을 하는 가장 큰 이유는 표현하고 싶어서일 것이다. 자신을 제약 없이 보여주고 감정을 폭발하고 싶을 것이다. 당신이 갖고 있는 사랑과 슬픔, 아픔과 위로, 기대와 실망을 예술로 승화시키고 싶은 욕망이 가슴 깊은 곳에 자리 잡고 있는 것이다. 그 마음이 봇물 터지듯 터져 나가고 있다면 그 흐름을 거스르지 말길 바란다. 육체적 건강과 함께 정신적 건강에도 몹시 좋지 않다. 사랑하자. 표현하자. 그리고 작곡하자. 당신의 인생을 당신이 사랑한다면 인생도 당신을 사랑한다. 작곡으로서 완전하자.

누구나
즐길 수 있는
음악을 통한 워라밸

초판 1쇄 2018년 12월 12일

지은이 김은송
발행인 김재홍
디자인 이슬기
교정 · 교열 김진섭
마케팅 이연실

발행처 도서출판 지식공감
등록번호 제396-2012-000018호
주소 경기도 고양시 일산동구 견달산로225번길 112
전화 02-3141-2700
팩스 02-322-3089
홈페이지 www.bookdaum.com
이메일 bookon@daum.net

가격 15,000원
ISBN 979-11-5622-416-7 03190

CIP제어번호 CIP2018037193
이 도서의 국립중앙도서관 출판예정도서목록(CIP)은 서지정보유통지원시스템 홈페이지(http://seoji.nl.go.kr)와 국가자료공동목록시스템(http://www.nl.go.kr/kolisnet)에서 이용하실 수 있습니다.

- '지식공감 지식기부실천' 도서출판 지식공감은 창립일로부터 모든 발행 도서의 2%를 '지식기부 실천'으로 조성하여 전국 중 · 고등학교 도서관에 기부를 실천합니다. 도서출판 지식공감의 모든 발행 도서는 2%의 기부실천을 계속할 것입니다.